Peter Himmelhuber

Mein Garten lebt

Vögel, Schmetterlinge, Igel, Wildbienen
und andere nützliche Tiere ansiedeln

Bauanleitungen und Gestaltungsideen

ökobuch

Bibliografische Information der Deutschen Nationalbibliothek

Die Deutsche Nationalbibliothek verzeichnet diese Publikation in der Deutschen Nationalbibliografie; detaillierte bibliografische Angaben sind im Internet unter http://dnb.d-nb.de abrufbar.

Unsere Bücher werden nach höchsten Ansprüchen an Nachhaltigkeit und Ökologie produziert und wir optimieren ständig weiter:

- Papiere und Pappen sind FSC® oder PEFC™ zertifiziert
- Druckfarben auf Pflanzenölbasis
- Druckplattenbelichtung komplett chemiefrei
- Klebstoffe lösungsmittelfrei
- 100% Öko-Strom bei Druck und Bindung
- Müllvermeidung und Recycling bei der Produktion
- kurze Wege, gedruckt in Deutschland

ISBN 978-3-936896-56-5

3. Auflage 2022

Königstr. 43, 26180 Rastede
E-Mail: verlag@oekobuch.de
http://www.oekobuch.de

Druck: Grafisches Centrum Cuno, Calbe

FSC
www.fsc.org
MIX
Papier aus verantwortungsvollen Quellen
FSC® C043106

Fotonachweis:
Alle Abbildungen, wenn nicht anders bezeichnet, stammen von Peter Himmelhuber.

Inhalt

Winterlinge *(Eranthis hyemalis)* bieten schon im Spätwinter Nektar – u.a. für Wildbienen.

Sommerflieder (*Buddleia davidii*) mit Schwalbenschwanz *(Papilio machaon)*.

Felsenmispel (*Cotoneaster dammeri*) mit Amsel. *unten:* Erdkröte (*Bufo bufo*)

Marienkäfer (*Subcoccinella vigintiquatuorpunctata*) auf Clematis. *unten:* Junger Igel

Tiere im Garten ansiedeln

Hausgärten nehmen im Vergleich zur freien Landschaft mit Wäldern, Feldern, Hecken und anderen natürlichen und kultivierten Geländezonen eine geringe Fläche ein. Dennoch bieten sie vielen Tieren wertvolle Lebensräume. Einige Arten sind sogar auf diese kleinstrukturierten Grüngürtel in Hausnähe angewiesen oder sie haben sich als Kulturfolger angepasst. Dazu gehören etwa die Amseln, die oft ihr ganzes Leben in einer Siedlung verbringen oder die Schwalben, die im Schutz der Häuser ihre Nester bauen. Bemerkenswert ist auch die Standorttreue der Stare. Sie nehmen günstig platzierte Nistkästen gerne an, um dort zu brüten und ihre Jungen groß zu ziehen. Nach der Überwinterung in Afrika und einem mehrere tausend Kilometer weiten Flug kommen sie jedes Jahr im Frühjahr an ihren Stammplatz zurück. Es ist schon ein schönes Erlebnis, wenn die gefiederten Gäste im April aus dem Süden zurückkehren und mit ihrem Gesang den Frühling ankündigen! Weniger auffällig, aber gleichermaßen zuverlässig suchen andere Tiere immer wieder ihre Stammplätze auf. So kommen etwa die Kröten im Frühjahr zum selben Gartenteich, um sich zu paaren. Auch Eidechsen halten sich ständig im gleichen Revier auf, wenn sie nicht gestört werden. Natürlich beschränken sich die Tiere nicht auf einen einzigen Garten. Vielmehr nutzen sie die Vernetzung mehrerer Gärten und Parks in einem Wohngebiet.

Die Lebensräume müssen den Arten entsprechen. So brauchen die Amseln z.B. stellenweise dichte Hecken, in denen sie ihr Nest gut verstecken können. Stare wiederum wollen einen übersichtlichen Hochsitz, damit sie sich sicher fühlen. Zudem sind sie auf freie Rasenflächen angewiesen, auf denen sie ungehindert nach Futter suchen können. Eidechsen und andere Kriechtiere nutzen bevorzugt die Nischen im Steingarten als Unterschlupf. Ihr Revier muss ausreichend groß sein, damit sie genügend Nahrung finden.

In einer „ausgeräumten“ Landschaft oder in einem monotonen Garten finden sich selten Tiere ein oder sie bleiben nur kurze Zeit. Das Pflanzen von Bäumen, Hecken, Stauden und die Aussaat von Sommerblumen, sowie das Dulden wilder Flächen mit Wiesenblumen und Wildkräutern fördert die Artenvielfalt. Eine üppige Vegetation im Garten mit Wildobst, Wiesen, Wasserstellen, Steingarten, Holzstapeln, Steinhaufen und speziellen Nistplätzen und Bruthöhlen ist eine Einladung für Vögel, Kriechtiere, Igel und Insekten. Trotzdem wird sicherlich immer noch genügend Raum für Rasen und andere gepflegte Freiflächen bleiben...

Peter Himmelhuber

1 Nützling oder Schädling?

Die Natur unterscheidet nicht zwischen Nützlingen und Schädlingen. Borkenkäfer beispielsweise, die ganze Waldstücke vernichten können, tragen lediglich zur Stabilisierung des ökologischen Gleichgewichts bei. Sie fallen vorwiegend über Monokulturen her und helfen mit, den Wald zu erneuern. In gesunden Mischbeständen haben sie keine Chance. Jedenfalls halten sie sich dort in Grenzen. Die Einteilung zwischen Nützlingen und Schädlingen trifft der Mensch. Nützlich ist, was uns das Leben erleichtert oder verbessert. Schädlich ist, was Schwierigkeiten macht. So kann ein durchaus nützliches Tier wie etwa ein Huhn, ein Schaf oder eine Kuh äußerst schädlich wirken, wenn es in den Gemüsegarten eindringt. Oder – um näher an das Thema dieses Buches heranzukommen – eine unumstritten nützliche Biene kann sogar lebensbedrohlich werden, wenn sie statt Blüten zu bestäuben oder Nektar zu sammeln dem Menschen auf den Leib rückt.

Deshalb wird niemand auf diese und andere wichtige Lebewesen verzichten wollen, was auch gar nicht möglich wäre. Vielmehr wird jeder Garten- und Naturfreund ihre Ansiedlung fördern. Denn ohne Bienen beispielsweise gibt es keinen Honig und kein Obst. Ohne Singvögel, die ja auch gerne über Gartenfrüchte oder über frische Beete herfallen, nehmen Raupen und Insekten überhand. Und ohne Ohrwürmer, die auch Blüten und Früchte nicht verschmähen, breiten sich Blattläuse ungehindert aus. So haben sich im Garten solche Tiere als Nützlinge etabliert, die stärker dazu beitragen, die Pflanzen gesund und fruchtbar zu erhalten als ihnen Wunden zu verpassen.

Nützliche Tiere sind überall im Garten zu finden, sozusagen zu Land, zu Wasser und in der Luft. So schieben sich zahllose Regenwürmer durch den Erdboden und verzehren dabei welke Wurzeln, Blätter und andere abgestorbene Pflanzenteile, um daraus wertvollen Dünger zu produzieren. Auf dem Boden kriechen und krabbeln Eidechsen und Igel, die Schnecken vertilgen. In Wasserstellen vollbringen Wasserschnecken ihr Tagwerk, indem sie Algenrasen abgrasen. Über dem Wasser klappern Libellen die Luft nach In-

Linke Seite:
Star *(Sturnus vulgaris)*, männlicher Vogel am Nistkasten.

1.1
Amsel *(Turdus merula)*, männlicher Vogel sammelt Regenwürmer im Rasen.

1.2
Eichelhäher *(Garullus glandarius)* – Nützling oder Schädling? Er räumt zwar Vogelnester aus, „pflanzt“ aber auch Nüsse.

1.3: Der vitale Knöterich dient vielfach als Brutstätte für Vögel; leider kriecht er auch unters Dach!

1.4: Pergolen sind gut zur Begrünung geeignet, hier dient die Pergola als Weinlaube. Eine stabile Pergola kann einen kräftigen Schlinger vertragen; der wiederum nimmt Vögel zum Nestbau auf.

1.5: Mischkulturen schützen sich gegenseitig. Die dichten Bestände lassen keine unerwünschten Kräuter aufkommen und bieten Käfern, Spinnen und anderen Tierchen Unterschlupf. Natürlich bleiben auch Schädlinge nicht aus. Aber Epidemien sind selten.

1.6: Ein üppiger Garten hat nicht nur für seine Besitzer eine Menge zu bieten. Es kreucht und fleucht im dichten Wuchs der Blumenwiese. Sommerblumenbeet mit Kosmeen *(Cosmos bipinnatus)*, Sonnenhut-Sorten *(Rudbeckia)*, Enzianstrauch *(Solanum rantonnetii)* u.a. Arten – solche Augenweiden sind für Bienen sehr wertvoll.

sekten ab. Von Bodennähe bis zu den Baumkronen fliegen Bienen, Hummeln und Schmetterlinge von Blüte zu Blüte. Sie sind wesentlich an der Bestäubung beteiligt. Marienkäfer und Ohrwürmer haben es wiederum weniger auf Blüten als vielmehr auf Blattläuse abgesehen. In luftiger Höhe tummeln sich Finken und Meisen. Auch sie sammeln Blattläuse und picken Maden aus den Rindenritzen.
Spärlich bepflanzte Gärten kommen mehr und mehr aus der Mode. Gefragt sind wieder üppige Anlagen mit Blumenwiesen, Staudenbeeten und Blütensträuchern. Diese kommen natürlich auch vielen Tieren zugute. Nach

Auskunft der Gartenfachberater ist derzeit der „pflegeleichte Bauerngarten“ Wunsch vieler Menschen. Den gibt es allerdings nicht, denn Bauerngärten brauchen recht viel Pflege, zumal hier viele verschiedene Pflanzenarten kultiviert werden. Allgemein ist die Zuneigung zu vielfältigerem Wachstum sinnvoll, denn artenreiche Gärten sind ökologisch wertvoller als „Koniferen-Rasen-Gesellschaften“. Dennoch dürfen auch solche Anlagen nicht verteufelt werden – immerhin gibt es in manchen Städten oder Kleingarten-Kolonien bereits Aufforderungen zur Beseitigung von Nadelbäumen! Das ist schade, denn auch Nadelbäume haben ihren Wert. Besonders im Winter geben sie vielen Kleinstlebewesen Schutz, was die Meisen beweisen, die sich dann besonders gerne im Dickicht der Nadelbäume aufhalten und die Zweige mit ihren Schnäbeln abklopfen. Offenbar gibt es hier etwas zu futtern. Die Meisen unterscheiden übrigens dabei nicht zwischen Schädlingen und Nützlingen, was auch unmöglich wäre.

1.7:
Eine Wildfruchthecke ist das ganze Jahr über attraktiv. Im Frühjahr entfaltet sie Blüten und im Sommer dichtes Blattwerk. Im Herbst bringt sie Früchte für Tiere hervor (von denen manche auch für den Menschen genießbar sind). Im Winter schützt das Geäst die Tiere vor Feinden.

1.8:
Blühende Apfelbäume *(Malus domestica)* in Obstwiese mit Löwenzahn *(Taraxacum officinalis)*; Birnbäume *(Pyrus communis)* sind bereits verblüht und haben ausgetrieben.

Beispiel Schmetterling: Nützling und Schädling zugleich

Wie schwierig es ist, Nützlinge und Schädlinge zu trennen, wird am Beispiel der Schmetterlinge deutlich. Während die Raupen dieser vielfältigen Insekten eine Menge an Blättern verzehren, tragen die fertigen Falter zur Bestäubung der Blüten bei.
Kein Mensch würde wohl Kohlweißlinge als Nützlinge betrachten. Obwohl die kleinen weißen Schmetterlinge vorwiegend Wiesenblumen wie Klee und Luzerne oder auch Nutzpflanzen wie

1.9:
Glattblatt-Aster *(Aster novi-belgii)* mit Tagpfauenaugen *(Inachis io)*.

1.10: Wo Disteln nicht stören, etwa in Wildstreifen, locken sie Schmetterlinge an wie diese Zitronenfalter (*Gonepteryx rhamni*). Die weiblichen Falter sind heller gefärbt und dem Kohlweißling ähnlich.

1.11: Taubenschwänzchen *(Macroglossum stellatarum)*, ein tagaktiver Schwärmer auf Buschnelke *(Dianthus seguieri)*; dieser selbst geschützte Schmetterling trägt zur Vermehrung der ebenfalls geschützten Nelken-Art bei.

1.12: Schwalbenschwanz-Raupe *(Papilio machaon)* auf Maggikraut *(Levisticum officinale)*.

Raps und Rüben anfliegen, um sich am Nektar der Blüten zu laben, suchen sie zur Eiablage auch Kohlpflanzen, Kapuzinerkresse und andere Kreuzblütler im Garten auf. Die gefräßigen Raupen, die daraus schlüpfen, richten oft große Schäden an. Der Wert dieser Schmetterlinge als nützliche Blütenbestäuber wird durch den Schaden an den Wirtspflanzen vermindert. Selbst seltene Arten, wie der Schwalbenschwanz (*Papilio machaon*) suchen von Natur aus bestimmte Gewächse auf und zwar fliegen die Falter im Garten vorzugsweise Schmetterlingsflieder *(Buddleia)*, Phlox und Astern an, während die Raupen ihren Hunger an Möhren, Dill und anderen Doldengewächsen stillen. Diese auffälligen, aber leider seltenen Flieger sind deshalb Nützlinge und Schädlinge zugleich. Niemand wird sie absichtlich vernichten, zumal auch die Raupen ungewöhnlich schön gezeichnet sind und bereits die Pracht der fertigen Insekten erkennen lassen. Die Einordnung in nützlich oder schädlich trifft, wie gesagt, der Mensch oder besser, der Gartenbesitzer. In freier Natur wird sich niemand an den Schmetterlingsraupen stören. Hier wirken sie allenfalls auffällig, wenn etwa Raupen des Tagpfauenauges in Massen über Brennnesseln herfallen oder Gespinstmottenraupen ganze Büsche des Pfaffenhütchens kahl fressen. Dagegen kann der Befall der im eigenen Garten mühsam gezogenen und aufwändig gepflegten Kohlpflänzchen durchaus lästig sein. Es gibt aber ganz einfache Mittel und Möglichkeiten, das störende „Geflügel“ vom Gemüse abzuhalten. Gemüseschutznetze, die rechtzeitig über die Beete gespannt werden, verhindern wirksam die Eiablage. Die Schmetterlingsweibchen suchen zwangsläufig andere Kreuzblütler auf, auf denen später die Raupen nicht stören.

Die meisten Schmetterlinge erreichen nur ein Alter von wenigen Wochen. Ihr kurzes Leben beenden viele Falter im Schnabel eines Vogels. Danach kommen sie den Jungvögeln als Futter zugute. Auch die Raupen leben nach dem Schlüpfen aus den Eiern nur wenige Tage. Das Reifen der Puppen dauert etwa 2 Wochen. Manche Nachtfalter-Arten lassen sich aber bis zu 3 Jahre Zeit zum Schlüpfen.

Der Wert der Schmetterlinge ist für bestimmte Pflanzenarten nicht abzuschätzen. Beispielsweise sind Zaunwinden fast ausschließlich auf die Bestäubung durch diese Insekten angewiesen. Insbesondere schaffen es die Nachtfalter mit ihren langen Saugrüsseln, das Innere der tiefen Blütenkelche zu erreichen. Auch andere Gewächse mit röhrenförmigen oder ungewöhnlichen Blüten locken mit Duftstoffen vorwiegend Schmetterlinge zur Bestäubung an. Dazu zählen beispielsweise Osterluzeien (*Aristolochia-Arten*), die pfeifenkopfförmige Blüten entwickeln oder viele Kleegewächse, die kleine, schmale Einzelblüten bilden. Von den mehr als 150 000 weltweit verbreiteten Schmetterlings-Arten, die mittlerweile wissenschaftlich beschrieben sind, haben sich etliche auf bestimmte Pflanzen spezialisiert. Namen, wie Osterluzeifalter, Resedaweißling oder Zürgelbaumfalter weisen auf die Abhängigkeit hin. Ein bekannter Nachtfalter, der vor nicht langer Zeit zur Herstellung von Textilien genutzt wurde, ist auf die Blätter des Maulbeerbaumes spezialisiert. Seidenspinnerraupen dienten massenweise zur Produktion von Naturseide. Seit die Seidenstoffe aus Kostengründen von Kunststoffen verdrängt wurden, sind in Europa auch die Maulbeerbaum- Plantagen verschwunden. Während Kohlweißlinge, Frostspanner und Apfelwickler, die Schäden an Nutzpflanzen verursachen, mit Schutznetzen, Leimringen und anderen einfachen Mitteln abgewehrt werden können, lassen sich Zitronenfalter, Tagpfauenaugen und Schwalbenschwänze vor allem durch die Pflanzung typischer Schmetterlingspflanzen in den Garten locken. Bewährt haben sich

1.13: Schmetterlings- oder Sommerflieder *(Buddleia davidii)* mit Distelfalter *(Vanessa cardui)* im Hochsommer.

1.14: C-Falter *(Polygonia c-album)* auf Scharbockskraut *(Ranunculus ficaria)* im Frühjahr.

1.15: Im Herbst dienen Efeu-Blüten *(Hedera helix)* als wertvolle Nektar-Quellen für Schmetterlinge (z.B.Admiral, *Vanessa atalanta*).

Unter Naturschutz
Nach der Bundesartenschutzverordnung ist es verboten, Schmetterlinge zu fangen (Kohlweißlinge ausgenommen). Natürlich sollten auch die Raupen verschont bleiben.

Sommerflieder *(Buddleia)*, die wie Magnete wirken oder auch Blumenwiesen, die während des Sommers Nahrungsquellen bieten. Vor allem sollten möglichst viele verschiedene Pflanzen einen Platz im Garten erhalten, damit vom Frühjahr bis zum Herbst stets frische Blüten zur Verfügung stehen. Schon im Spätwinter suchen die ersten Falter, die in Rindenritzen oder unter Dachvorsprüngen den Winter überdauert haben, die ersten Erikabüsche auf. Im Frühjahr und im Sommer ist der Tisch mit Edeldisteln, Wicken, Ziertabak, Petunien, Klee und vielen anderen Stauden und Sommerblumen reich gedeckt. Im Herbst finden die letzten Falter noch Nektar bei den Astern und Silberkerzen. Weitere Nährpflanzen für Insekten sind in Tabelle 2, Seite 44 ff., aufgeführt.

Lebensraum Garten

Eine der so genannten Kardinaltugenden ist die Duldsamkeit oder Toleranz. Wer sie beachtet und bedenkt, dass alle Tiere Teil der Schöpfung sind, wird die Tiere mit der Zeit leichter akzeptieren und weniger streng in die Kategorien Nützling oder Schädling einordnen. Wie schwierig eine genaue Einteilung ist, machen beispielsweise auch die Ameisen deutlich. Diese fleißigen Arbeitstiere räumen abgestorbene Pflanzenteile ab und beseitigen tote Tiere. Waldameisen stehen deshalb unter Naturschutz. Ameisenhaufen dürfen nicht gestört oder beschädigt werden. Die Förster und Waldarbeiter sorgen sogar dafür, dass diese großen Bauten auch von feindlichen Tieren verschont bleiben. Sie schützen die Haufen mit Maschendraht. Dagegen gibt es für Gartenameisen keine Schutzbestimmungen, obwohl sie gleichermaßen nützlich sind. Auch im Garten entfernen die kleineren Verwandten der Waldameisen eine Menge welker Blätter, Nadeln und anderer organischer Stoffe. Die emsigen Tierchen haben leider auch unliebsame Verhaltensweisen. So unterminieren sie Terrassenplatten oder Wegbeläge, um ihre Nester anzulegen. Zudem halten sich die Gartenameisen Blattlauskolonien auf Obstbäumen und anderen Gehölzen. Das schadet den Pflanzen und verursacht hässliche Blattflecken namens Honigtau. Vor allem aber dringen sie auch in Wohngebäude ein. Obwohl sie hier ihrem natürlichen Trieb nachgehen

1.16: Waldameisen sind geschützte Tiere; hier erklärt ein Förster einer Schulklasse den Nutzen dieser Insekten.

1.17: Gartenameisen siedeln sich gelegentlich in Kübelpflanzen an. Sie lassen sich mitsamt dem Wurzelballen evakuieren.

und Brotkrümel, Zuckerbrösel und andere Abfälle sammeln, sind sie im Haus nicht gerne gesehen. Eine saubere Haushaltsführung kann die Ansiedlung vermeiden helfen. Wenn dennoch Ameisen eingeschleppt wurden – etwa in Blumentöpfen oder Kübelpflanzen, die im Sommer draußen standen – lassen sich diese durch das Umquartieren der betroffenen Pflanzen oder durch das Austopfen und Ausräumen der Nester recht erfolgreich wieder beseitigen. Im Sinne der Toleranz sollten die Tierchen jedenfalls nicht mit Giftstoffen bekämpft werden, zumal sie oft von selbst wieder verschwinden bzw. durch eine gezielte Beobachtung und Entdeckung der Nester aufzufinden sind. Die typischen Ameisenstraßen führen zwangsläufig zur Ameisensiedlung, etwa in einem Blumentopf oder in einem Hohlraum unter der Terrasse. Die Ameisen lassen sich nach dem Austopfen oder Ausheben in die freie Natur umquartieren.

Beobachten und gezielt eingreifen

Es ist sicherlich sinnvoll, auch andere zeitweise schädliche Tiere schonend zu behandeln, soweit dies möglich ist. Viele Störenfriede verschwinden von selbst wieder. Das gilt z.B. auch für Wespen, die im Herbst sterben. Nur die Königin eines Wespenvolkes überwintert in einem geschützten Quartier, um sich im nächsten Jahr wieder zu vermehren. In der Natur oder im Garten verhalten sich Wespen durchaus als Nützlinge. Sie tragen zur Bestäubung von Blüten bei und verzehren Blattläuse.

Selbst eindeutig für Gartenpflanzen schädliche Tiere müssen nicht mit Gewalt bekämpft oder mit aufwändigen Mitteln ferngehalten werden. Ihre Population kann von Jahr zu Jahr unterschiedlich sein, so sind z.B. in einem heißen Sommer die Gärten fast schneckenfrei, weil die Entwicklung einer Schneckenplage sehr vom Wetter abhängig ist.

Bei ständigen Schwierigkeiten mit bestimmten Schädlingen kann auch ein Fruchtwechsel für Abhilfe sorgen. So verschwinden Kartoffelkäfer, Möhrenfliegen oder andere spezielle Schädlinge aus dem Garten, wenn sie keine Wirtspflanzen mehr vorfinden.

Natürliche Veränderung der Fauna

Unsere Gärten wären weniger wertvoll, wenn nur bestimmte Arten eine Berechtigung erhielten. Das gilt sowohl für Pflanzen, als auch für Tiere. Die meisten Arten kommen ohnehin von selbst und sie verschwinden auch wieder, wenn ihre Zeit vorbei ist, insbesondere im Wechsel der Jahreszeiten.

1.18:
Ameise beim Melken von Blattläusen (*Aphis*)

1.19:
Rote Waldameisen *(Formica rufa)* sind auch dem Blütenstaub von Wildrosen *(Rosa canina)* nicht abgeneigt.

1.20: Wespen mögen süße Früchte (z.B. Birnen); solange sie nicht auf die Terrasse kommen, stört dies wenig.

1.21, 1.22: Im Frühjahr kommen die weitgereisten Stare *(Sturnus vulgaris)* aus Afrika zurück. Hohe Süßkirschbäume werden gern als Sitzplätze genutzt. Für den Nestbau eignen sich nur Nistkästen, die das Gelände überragen. Die geselligen Vögel siedeln sich in Gruppen an, wenn mehrere Kästen zur Verfügung stehen.

1.23: Grünfink *(Carduelis chloris)*, Spatz *(Passer domestica)* und Kohlmeise *(Parus major)* baden hier gemeinsam.

So wandelt sich mit der Flora auch die Fauna im Garten rund ums Jahr. Während im Sommer die Zikaden zirpen und Schwalben ihre Brut pflegen, weben die Spinnen im Winter ihre Netze in geschützten Gartenecken und die Meisen suchen in den Hecken nach versteckten Insekten. Die Zugvögel sind dann längst in ihre Winterquartiere abgeflogen und die frostempfindlichen Insekten verbringen die kalte Jahreszeit im Boden oder in Rindenritzen.

Vielfalt fördern

In der Vegetationspause ist Zeit zum Studium bestimmter Verhaltensweisen der erwünschten Nützlinge, aber auch der schädlichen Arten, die häufig vorkommen. Durch eine gezielte Planung und spezielle Lebenshilfen beziehungsweise durch die Vermeidung von Ansiedlungs- und Entwicklungsmöglichkeiten unerwünschter Arten können bereits Vorkehrungen für die nächste Saison getroffen werden. Kröten und Lurche kommen beispielsweise nur in den Garten, wenn sie Wasserstellen vorfinden. Das gilt auch für Libellen und andere auf Wasser spezialisierte Insekten. Wer im Sommer viele Schmetterlinge haben möchte, kann durch die Planung von Staudenbeeten mit Arten wie Sonnenhut, Blutweiderich, Katzenminze und anderen Schmetterlingspflanzen sowie Sommerflieder-Sorten dafür vorsorgen. Andererseits lassen sich vorbeugend Schneckenplagen vermeiden oder einschränken, indem Schneckenzäune oder Hochbeete angelegt werden.

Gefiederte Zaungäste

Singvögel wie Meisen, Buchfinken und Kleiber siedeln sich gerne im Garten an, wenn sie schützende Hecken und dichte Baumkronen vorfinden. Die gefiederten Gartengäste tragen zur Dezimierung von Schädlingen bei. Be-

1.24: Distelfinken oder Stieglitze *(Carduelis carduelis)* sind seltenere Gartengäste. Ein abgelegener Teich kann diese bunten Vögel durchaus anlocken.

1.25: Blaumeisen *(Parus caeruleus)* sind Höhlenbrüter und nutzen gerne günstig platzierte Nistkästen.

sonders zur Versorgung der Jungvögel sammeln Singvögel im Garten eine Menge an Blattläusen, Raupen und anderen kleinen Tierchen, indem sie Rindenritzen und Blätter absuchen. Auf diese Weise verhindern sie die Ausbreitung saugender und beißender Insekten. Ein Meisenpaar kann während der Brutzeit bis zu 30 Kilogramm an Raupen und anderen Schädlingen vernichten! Aber auch weniger „leistungsfähige" Vögel vertilgen eine Menge Blattläuse und andere Sauger.
Selbst Spatzen helfen bei der Gartenpflege mit. Die oft ungeduldeten Gäste verspeisen zur Brutzeit nicht nur ebenfalls Blattläuse, sie picken außerdem Unkrautsamen vom Boden auf oder aus den reifenden Samenständen heraus. Natürlich machen diese geselligen Tiere ebenso wie Amseln auch vor den Beeten nicht Halt. Zur Abwehr dienen nach der Aussaat im Frühjahr Schutznetze. Diese feinmaschigen Kunststoffgewebe lassen sich im Sommer zum Einhüllen der Beerenobsternte weiterverwenden. Zu beachten ist, dass die Gewebe straff gespannt sind, damit sich keine Vögel in den Netzen verfangen.

Neulinge und alte Bekannte

Wer den Gesang der Amsel schätzt, wird diesen standorttreuen Hausvogel kaum vertreiben, jedenfalls nicht absichtlich. Besonders im Frühjahr verkünden die schwarzen Sänger schon früh am Morgen den neuen Tag. Dazu gesellen sich weitere Stimmkünstler, wie Finken, Rotkehlchen und Dompfaffen, die sich in sicherer Entfernung vorzugsweise in hohen Bäumen aufhalten. Im April kommen dann die Zugvögel wie Stare und Schwalben zurück. Sie suchen jedes Jahr dieselben Brutgebiete auf. Stare bevorzugen Nistkästen in luftiger Höhe, in denen sie vor Feinden sicher sind. Bewährt haben sich Holzkästen auf hohen Stangen, die entweder frei im Rasen oder auf Bäumen befestigt werden (siehe Abb. 1.22). Hier können die Tiere das Gelände überblicken. Der Nutzen der Stare beschränkt sich allerdings auf die Bodenlockerung, sie stochern mit ihren harten Schnäbeln im Rasen nach Würmern und Larven. Allein ihr Gesang lohnt aber die Ansiedlung der schillernden Vögel im Garten.
Schwalben wiederum gehören zu den wertvollsten Schädlingsvertilgern. Sie fangen im Flug Unmengen an Mücken, zumal sie in Schwärmen kommen. Die geschickten Flieger steuern jedes Jahr wieder denselben Ort an, solange die Brutstätten vorhanden sind. Ihre Ansiedlung ist insbesondere in ländlichen Regionen möglich, indem Stützbrettchen unter dem Dach am Haus befestigt werden. Aussicht auf Erfolg besteht dann, wenn es bereits in der Umgebung Brutkolonien gibt.

1.26:
Amseln sind nicht wählerisch. Dieses „Haushühnchen“ hat sein Nest in einen Blumenkasten gebaut.

1.27:
Amselnest erst mit Eiern ...

1.28: .... dann mit Jungen

1.29: Amsel, Jungtier

Nützlinge schützen und schonen

Damit die Tiere die Nisthöhlen und -kästen aufsuchen und ungestört zum Bebrüten nutzen können, müssen diese in sicherer Höhe befestigt sein und – falls nötig – einen Schutz vor Katzen, Mardern, Elstern und anderen Feinden erhalten. Während der Brutzeiten im Frühjahr und im Sommer sollten Störungen, etwa durch Ballspiele oder Lärm in der Nähe der Behausungen vermieden werden. Die Kästen sollten deshalb nicht an Sitzplätzen oder zentralen Stellen befestigt sein. Von Vorteil für die Vögel ist, wenn sie in der direkten Umgebung kleine Wasserstellen sowie Baumaterial zum Auspolstern der Nester vorfinden. Die Vogeltränken müssen sicher und übersichtlich platziert sein.

Einsatz „vor Ort"

Die Befestigung von Meisenkästen und anderen Bruthöhlen lohnt sich vor allem im Obstgarten, neben dem Gemüse und an weiteren Plätzen, die häufig von Schädlingen heimgesucht werden. Ein brütendes Meisenpärchen z.B. im Apfelbaum ist die beste Vorsorge für einen gesunden Obstbestand! Die Befestigung muss allerdings rechtzeitig vor der Brutzeit schon im Spätwinter erfolgen.

(Wild-)Bienen und Hummeln

Mit vielen Nützlingen im Garten ist es so wie mit hilfreichen Menschen. Ihr Wert wird erst erkannt, wenn sie zeitweise nichts tun können. Das gilt besonders für Bienen, die nicht nur Honig produzieren, sondern auch wesentlich an der Bestäubung der Obstbäume beteiligt sind.

Gleichermaßen wie die Bienen sind auch Hummeln nützliche Bestäuber. Bereits im Spätwinter suchen die Königinnen die ersten Krokusse, Narzissen und Veilchen auf, um ersten Nektar zu sammeln. Im Frühjahr tragen sie ebenfalls wesentlich zur Bestäubung der Obstgehölze bei. Im Sommer fliegen sie Tomaten und andere Gemüsepflanzen an und befördern den Pollen von Blüte zu Blüte. Noch im Herbst finden sie Nektar beim roten Sonnenhut, beim Schmetterlingsflieder und bei anderen spät blühenden Stauden und Sträuchern. Im Gegenzug liefern sie den Blütenstaub, der für die Samenbildung nötig ist.

Viel mehr als Schnitt, Düngung oder Spritzungen wirkt sich die Bestäubung der Blüten auf gute Obsterträge aus. Insbesondere sind selbstunfruchtbare Bäume wie Apfel, Birne, Kirsche und einige Pflaumen-Sorten auf die Übertragung von Blütenstaub angewiesen. Da helfen die besten Schneidarbeiten, die üppigsten Nährstoffgaben und die teuersten Pflanzenschutzmittel nichts, wenn passende Befruchtersorten in der Nachbarschaft fehlen. Ebenso wenig bei der Befruchtung helfen solche Bäume, die geeigneten Blütenstaub entwickeln, wenn dieser beispielsweise bei Regen nicht übertragen wird. Mangelhafte Obsterträge sind fast immer auf ungünstige Befruchtungsverhältnisse zurückzuführen. Eine vernachlässigte Pflege wirkt sich wesentlich weniger aus als z.B. ein schlechtes Bienenflugwetter.

Fleißige Flieger: Bienen

Natürlich müssen Bienen in der näheren Umgebung angesiedelt sein. Obwohl diese Hautflügler viele Kilometer weite Flugstrecken zurücklegen kön-

1.30: Nach der Bestäubung durch Bienen und Schmetterlinge im Herbst entwickeln sich aus den Blüten des Efeu schwarze Früchte, die im Winter für Vögel nützlich sind.

1.31: Auch Ziergehölze, die aus fernen Regionen stammen, wie die Deutzie *(Deutzia-Arten)* produzieren Nektar für Bienen und andere Insekten.

1.32: Bienen sind die wichtigsten Bestäuber der Obstbäume; die Erträge sind wesentlich vom Bienenflug abhängig (Apfelblüte mit Honigbiene).

1.33:
Biene auf Margerite. Die winzigen Einzelblütchen sind für den Bienenrüssel wie geschaffen.

1.34: Mobile Bienenkästen machen die Umstellung an günstige Trachtplätze möglich. Sie lassen sich z.B. während der Obstblüte in die Plantagen stellen, danach in die blühenden Rapsfelder usw.

1.35: Die Arbeit der Imker ist von unschätzbarem Wert. Sie fördern die Bestäubung vieler Nutzpflanzen und tragen so zum Gemeinwohl bei. Zudem produzieren die Bienen Honig.

nen, leisten sie mehr, wenn die Nektarquellen nahe am Bienenstock blühen. Immerhin müssen sie mehr als 100 Blüten aufsuchen, bis die ca. 50 mg fassende Honigblase mit Nektar gefüllt ist. Zur Hauptblütezeit im Frühjahr schafft eine Flugbiene bei gutem Wetter 10 Ausflüge pro Tag. Im Spätwinter oder auch im Sommer, wenn der Flor spärlich ist und größere Entfernungen von einer Tracht zur nächsten zu fliegen sind, vermindert sich die Zahl der Ausflüge.
Zur Ansiedlung von Wildbienen sowie zur Versorgung von Zuchtbienen trägt eine vielfältige Gartenflora bei. Es lohnt sich, mit ausgewählten Gehölzen, Stauden und Sommerblumen die Blütezeit zu verlängern. Damit Nektarquellen auch vor und nach der Hochsaison von Obst- und Ziergehölzen noch zu finden sind, sollten frühblühende Bienenweiden, wie die männlichen Salweiden (*Salix caprea*), die Zaubernuss (*Hamamelis*), Haseln und Eriken gepflanzt werden, die schon im Spätwinter wertvollen Pollen produzieren, sowie Spätblüher, die bis in den Herbst hinein zur Versorgung beitragen. Das können große Bäume, wie Linden, Robinien oder Schnurbäume (*Sophora japonica*) sein, wenn in großen Gärten Freiräume zur Verfügung stehen oder auch Blütensträucher, die noch im Sommer wertvollen Nektar entwickeln. Dazu gehören der Holunder, der Sommerflieder, die Tamariske oder auch ausländische Arten, wie der Philadelphus, die Weigelie oder die Schneebeere (*Symphoricarpos*), die aus Nordamerika oder Asien stammen und durchaus als Bienennährgehölze nützlich sind. Selbst Kletterpflanzen wie Waldreben, Geißblatt (*Lonicera*) und Schlingknöterich tragen zur Versorgung der Bienen bei. Nicht zu vernachlässigen sind Stauden, Sommerblumen und Zwiebelpflanzen wie Rudbeckien, Sonnenhüte, Kugeldisteln, Kosmeen, Sonnenblumen und Dahlien, deren Blüten das karge Angebot der Wildpflanzen in den Sommermonaten ergänzen. Die Bienen revanchieren sich für das

1.36: Der Imker muss rund ums Jahr für seine Bienenvölker sorgen. U.a. ist eine regelmäßige Kontrolle im Bienenhaus nötig, um Schädlinge rechtzeitig zu erkennen.

1.37:
Kornblume (*Centaurea jacea*) mit Hummel.

1.38:
Löwenzahn *(Taraxacum officinale)* mit Hummel.

1.39:
Der Purpursonnenhut (*Echinacea purpurea*) ist nicht nur eine willkommende Augenweide, sondern auch wertvoll für Bienen und Hummeln. Die Staude ist mehrjährig.

Entgegenkommen auch bei den Zierpflanzen durch die Bestäubung, die für die Samenbildung nötig ist. Das kommt wiederum anderen Nützlingen, wie den Singvögeln zugute, zumal sie auf Vogelbeeren, Schlehen, Liguster und andere Früchte angewiesen sind. Übrigens lassen sich selbst bei Pflanzen, die nicht auf den Blütenstaub passender Partner angewiesen sind, die Fruchterträge steigern. So reifen bei selbstfruchtbaren Johannisbeer- oder Stachelbeerbüsche mehr Früchte, wenn sie von Bienen bestäubt werden.

Bienenvölker und Einzelgänger

Das Halten von Zuchtbienen in Stöcken oder speziellen Bienenhäusern bleibt ausgebildeten Imkern vorbehalten, die sich das ganze Jahr um die Bienenvölker kümmern können. Wer sich näher mit Zuchtbienen beschäftigen möchte und in die Imkerei einsteigen will, bekommt beim Gartenamt oder bei der Naturschutzbehörde Auskunft. Gelegentlich werden auch unter Obhut von Obst- und Gartenbauvereinen Bienenhäuser bewirtschaftet. Im Hausgarten lassen sich leichter Solitärbienen ansiedeln. Es sind mehr als 100 verschiedene Bienen-Arten bekannt. Sie unterscheiden sich in der Größe und Gestalt sowie in der Lebensweise. So gibt es Sandbienen, die in Rasenrändern, Pflasterfugen oder anderen unterirdischen Hohlräumen nisten, sowie Seidenbienen, die senkrechte Trockenmauern oder Lehmwände bevorzugen. Mauerbienen suchen mitunter auch leere Schneckenhäuser auf. Blattschneiderbienen nutzen hohle Baumstämme oder markhaltige Stängel. Die Ansiedlung im Garten lässt sich vor allem durch die Einrichtung geschützter Plätze mit Steinhaufen, Holzstapeln oder spezieller Nistwände fördern und natürlich durch die Anpflanzung möglichst vieler Nektarquellen. Die vielen echten und verwandten Solitärbienen sind nicht einfach zu erkennen. In Bestimmungsbüchern sind auch Informationen über die Lebensweise dieser nützlichen Hautflügler zu finden.

1.40:
Alant mit Hummel. Hummeln brauchen Nektarspender. Blütenpflanzen wie der Alant gehören in den Garten: andernfalls lohnt sich die Einrichtung von Behausungen kaum.

1.41:
Hummel auf Karde. Wilde Karden haben sich als Insektennährpflanzen bewährt.

1.42:
Bienenfreund (*Phacelia tanacetifolia*) mit Hummeln.

1.43:
Marienkäfer auf Rainfarn (*Tanacetum vulgare*).

Marienkäfer

Jedes Kind kennt die kleinen roten Nützlinge mit den schwarzen Punkten auf den Flügeln. Wer sie näher beobachtet, wird diese Gartenbesucher als gefräßige Raubtiere kennen lernen. Fressen und gefressen werden – dieses Gesetz gilt besonders in der Gartensaison während der Wachstumszeit, wenn es Blätter, Blüten und Früchte in Fülle gibt. Dann finden sich im Garten mit den vielen verschiedenen Pflanzenverzehrern auch deren Feinde ein. So dauert es meist nicht lange, bis die Blattläuse, die in Massen über Obstbäume, Salatpflanzen oder Rosen herfallen, von Marienkäfern dezimiert werden. Es lohnt sich deshalb, geduldig zu sein. Zum einen lassen sich Kosten und Aufwändungen für Spritzmittel sparen, zum anderen bleiben die Pflanzen von Giftstoffen verschont. Ein zu rascher Einsatz von Insektiziden vernichtet mit den Schädlingen auch die Nützlinge. Insbesondere töten die chemischen Brühen auch Marienkäfer und deren Larven ab. Wer auf die Nützlinge wartet oder sie gezielt einsetzt, kann zuschauen, wie beispielsweise Blattlauskolonien in wenigen Tagen abgeräumt sind. Natürlich ist die Zuwanderung von Nützlingen von günstigen Lebensverhältnissen im Garten abhängig. In diesem Sinne sollten speziell für Marienkäfer an einigen Stellen im Garten „Futterpflanzen" erhalten bleiben oder angesiedelt werden. So haben sich beispielsweise Holunderbüsche als Wirtspflanzen für Blattläuse gezeigt. Gelegentlich sind die jungen, saftigen Triebe schwarz vor Läusen. Der Befall schadet den vitalen Gehölzen nicht. Er garantiert aber, dass sich früher oder später auch Marienkäfer einfinden.

Verschiedene Arten

Neben dem bekannten Siebenpunkt-Marienkäfer (*Coccinella septempunctata*) und dem ebenfalls recht häufigen Augenmarienkäfer (*Anatis ocellata*) gibt es noch einige andere Arten. Dazu gehört der gelbe Zwölfpunktmarienkäfer (*Thea vigintiduopunctata*), der keine Insekten vertilgt, sondern Pilzrasen auf den Blättern abweidet. Wenn sich diese Nützlinge etwa auf dem Beerenobst oder auf Weinreben angesiedelt haben, sollten sie geschont werden, zumal die kleinen Käfer gegen Mehltaupilze vorgehen. Die schwarzgepunkteten roten Marienkäfer sowie der Zweipunkt-Marienkäfer, der schwarze Deckflügel mit zwei roten Punkten hat, verzehren vorzugsweise Blattläuse, Schildläuse, Spinnmilben und andere tierische Schädlinge. Während seiner Entwicklungszeit vertilgt ein Augenmarienkäfer bis zu 2500 Blattläuse! Dazu trägt auch die Larve bei, die je

nach Temperatur nach etwa 3 bis 8 Tagen aus einem Ei schlüpft. Die ausgewachsenen Weibchen legen nach der Befruchtung ganze Trauben an kleinen orangefarbenen Eiern an der Blattunterseite verschiedener Pflanzen ab (Abb. 1.44). Bei Schneid- und Pflegearbeiten im Garten ist auf diese Gelege zu achten. Sie sollten selbstverständlich geschont werden – ebenso wie die flugunfähigen Larven, die meist direkt in den Blattlauskolonien leben und dort aus dem Vollen schöpfen (Abb. 1.45). Leider bleiben viele der nützlichen Tierchen auf den Leimringen kleben, die gegen Gespinstmotten, Frostspanner und andere schädliche Schmetterlinge an den Baumstämmen angelegt werden. Solche Fallen sollten deshalb nur im Notfall zum Einsatz kommen und wieder entfernt werden, wenn die Saison der Raupen vorbei ist. Wie die Frostspanner suchen auch Marienkäfer gerne Rindenritzen in Baumstämmen zum Überwintern auf. Sie sind aber bei mildem Wetter länger aktiv als die Frostspanner und kommen auch im Frühjahr schon zeitig wieder aus ihren Verstecken hervor.

Marienkäfer – altbekannte Nützlinge

Den großen Wert der Marienkäfer haben bereits die Bauern im Mittelalter erkannt. Schon damals wurden die kleinen roten Käfer gezielt zum Schutz der Kulturpflanzen eingesetzt. Angeblich ist auch der Name auf diese Zeit zurückzuführen. Die Bauern sahen die nützlichen Käfer als Geschenk der Jungfrau Maria an. Auch heute werden Nutzinsekten gezielt vermehrt und im Gartenbau gegen Schädlinge eingesetzt. Im Fachhandel sind allerdings nicht die heimischen Marienkäfer erhältlich, sondern eine fremde Art. So hat sich z.B. in geschlossenen Räumen der Einsatz des Australischen Marienkäfers gegen Wollläuse bewährt.

Feinde der Marienkäfer

Der Feind vieler Schädlinge hat selber Feinde. So nehmen Singvögel keine Rücksicht auf diese Blattlausvertilger. Gefahr droht auch von Eidechsen und Lurchen. Dagegen wehren sich die Käfer durch die Ausscheidung einer gelben, giftigen Flüssigkeit namens Coccinellin oder sie flüchten fliegend.

1.44: Marienkäfereier: Die Käfer legen ihre Eier an der Blattunterseite befallener Pflanzen ab (hier direkt neben den Blattläusen).

1.45: Marienkäferlarven: Die Larven suchen ständig nach neuen Blattlaus-Kolonien. Wenn sie viel Beute machen, entwickeln sie sich in kurzer Zeit wieder zu fertigen Tieren.

1.46: Je nach Blattlausbefall paaren sich die Käfer (hier: Asiatischer Marienkäfer, *Harmonia axyridis*) mehrmals auf den Wirtspflanzen, um sich zu vermehren. Wenn die Läuse verzehrt sind, fliegen die Käfer auf neue Nahrungsquellen.

Spinnen

Wenn es eine Statistik für gerne gesehene Tiere gäbe, stünden wahrscheinlich die Spinnen an letzter Stelle. Wer diese seltsamen Gliederfüßer näher betrachtet, wird sie aber als Nützlinge schätzen oder zumindest dort dulden, wo sie nicht stören.

Die Abscheu gegen Spinnen geht leider oft so weit, dass sie gezielt verfolgt und mit dem Staubsauger oder anderen Mitteln vernichtet werden. Genauso ergeht es ihren Netzen, die sie in mühsamer Arbeit aus einem dünnen Faden weben. Die unbegründete Abneigung gegen diese vielbeinigen Haustiere hat verschiedene Ursachen. Dazu gehören Gerüchte über ihr Verhalten. So heißt es gelegentlich, Spinnen würden in der Nacht in den offenen Mund krabbeln, was natürlich nicht stimmt. Unappetitlich sind gewisse Verhaltensweisen allerdings schon. So wickeln die Netzspinnen ihre Beute in ein Gespinst aus klebrigen Fäden und legen auf diese Art Vorrat an. Die Spinnen unterscheiden dabei – wie viele andere Nützlinge – nicht zwischen nützlichen Tieren und Schädlingen. In den Vorratsspeichern sind Marienkäfer, Falter, Fliegen und viele andere Insekten zu finden. Vorwiegend bleiben aber Mücken und andere kleinere geflügelte Tiere in den Netzen hängen. Die großen Brummer können sich selbst befreien und verursachen dabei ernorme Schäden an den aufwändig gefertigten Fallen. Die Spinnennetze sind im Garten oft günstig platziert. Sie hängen zwischen Zweigen, Gartenzaunteilen und anderen Einflugschneisen der geflügelten Insekten. Im Morgentau oder bei Nebel kommen die kleinen Kunstwerke besonders gut zu Geltung.

Viele Arten

Neben den Radnetzspinnen, zu denen die Kreuzspinne (*Araneus diadematus*) gehört, gibt es viele andere Spinnen-Arten im Haus und im Garten. Häufige Vertreter aus der Familie der echten Spinnen sind die Zitterspinnen (*Pholcus phalangioides*), die sehr umfangreiche Gespinste in Dachböden oder auch in trockenen Kellerräumen weben. Diese sehr langbeinigen Spinnen spritzen den gefangenen Tieren ein Betäubungsmittel, nachdem sie gut in den klebrigen Schüren verpackt wurden. Weniger schonungsvoll gehen die Krabbenspinnen (*Misumena vatia*) mit ihren Beutetierchen um. Die bunt gefärbten Spinnen fertigen keine Netze an, sondern legen sich in Blüten auf die Lauer. Sie fallen über die überraschten Nektarsammler her, sobald diese in der Blüte landen. Selbst Bienen, die größer sind als die flinken Räuber, haben keine Chance (Abb. 1.48). Krabbenspin-

1.47:
Krabbenspinne (*Thonisius onustus*).

1.48:
Nützling fängt Nützling. Diese Krabbenspinne verschmäht auch Bienen nicht.

nen zeichnen sich durch eine besondere Anpassungsfähigkeit aus. Sie nehmen dieselbe Farbe an wie die Blüten, die sie als Verstecke nutzen. Die Weibchen aller Spinnenarten sind meist auffälliger gezeichnet und größer gebaut als die Männchen. Sie unterscheiden sich während der Fortpflanzungsphase durch runde Kokons, die sie am Körper tragen. Im Inneren reifen die Eier, aus denen dann die jungen Spinnen schlüpfen. Die Männchen der Raubspinnen (*Pisaura mirabilis*) werben mit einem eingepackten Insekt um ihre ausgewählte Partnerin. Diese verspeist das „Fresspaket" dann während der Paarung. Solange die weibliche Spinne etwas zu futtern hat, fällt sie nicht über das Männchen her.
Raubspinnen halten sich häufig am Boden auf, z.B. in Steingärten oder auf Pflasterbelägen. Sie weben keine Netze, sondern fangen die Beutetiere mit den Vorderbeinen. Während die Raubspinnen oder auch andere am Boden lebende Arten, wie etwa die Wolfsspinne (*Lycosa tarsalis*), unter anderem Springschwänze, Erdflöhe oder Spinnmilben jagen, gehen den Radnetzspinnen, wie z.B. den Kreuzspinnen, vorwiegend Mücken, Fliegen oder geflügelte Blattläuse auf den Leim. Kreuzspinnen stehen übrigens unter Naturschutz. Sie dürfen nicht mutwillig gestört oder gar vernichtet werden. Das gilt natürlich auch für ihre Netze. Wer diesen Spinnen schadet, schadet sich selbst. Keinesfalls sollten die Netze etwa in Gewächshäusern oder an Gartenpflanzen zerstört werden. Besonders im Herbst tragen die Tierchen zur Dezimierung geflügelter Schädlinge bei, bevor diese ihre Eier ablegen können. Für Menschen ist das Gift der ca. 800 verschiedenen europäischen Spinnen-Arten unschädlich. Ebenso wenig kann das Betäubungsgift ihren Feinden etwas anhaben. Viele Spinnen fallen insbesondere den Singvögeln zum Opfer.

Wunder der Natur

Wie im gesamten Tierreich bleiben auch im Revier der Spinnen viele Fragen offen, so etwa die Frage nach dem kreuzförmigen Muster auf dem Rücken der Kreuzspinne oder die Frage, woher die Radnetzspinnen wissen, wie sie ihr Netz zu spinnen haben. Das System ist genial. Und zwar spannt die Spinne zunächst einen waagrechten Faden zwischen zwei Zweigen, Halmen oder Pfosten. Dann seilt sie sich in der Mitte ab und heftet einen dritten Faden unten an einem Gegenstand fest. Das sternförmige Fadengebilde wird nun rundherum eingesäumt und danach systematisch kreisförmig ausgewoben.

1.49:
Auch Spinnen brauchen ungestörte Plätze, an denen ihre Netze erhalten bleiben. Die kleinen Kunstwerke sind für andere Insekten tödliche Fallen.

Bauen und bewahren

Es liegt in der Natur der Sache, dass die zarten Spinnweben immer wieder von Beutetieren, vom Wind oder von Vögeln beschädigt oder zerstört werden. Die Netzspinnen sind deshalb ständig damit beschäftigt, ihr Netz zu reparieren oder neue Netze zu spinnen. Wenn sie einen passenden Lebensraum vorfinden, sind Netzspinnen standorttreu und machen sich jahrelang im Garten nützlich. Dazu tragen verwilderte Gartenecken, Hecken, Holzstapel und dergleichen bei.

Lurche und Kriechtiere

Während Singvögel, Bienen und andere beflügelte Nützlinge nicht zu übersehen oder zu überhören sind, leben Kröten, Eidechsen und Blindschleichen meist im Verborgenen. Viele dieser Lurche und Kriechtiere gehen nachts auf Beutezüge.
Die Feinde der Nacktschnecken sind die Freunde des Gärtners. So haben sich besonders Erdkröten (*Bufo bufo*) als schutzwürdige Helfer bewährt, zumal sie vorzugsweise Schnecken vertilgen. Leider werden diese wertvollen Tiere wegen ihrer warzigen Haut immer noch verschmäht und gelegentlich sogar aus ihren Verstecken vertrieben. Wer eine Kröte aber näher betrachtet und ihr in die Augen schaut, findet sicher Gefallen an diesen für Menschen harmlosen Geschöpfen. Die Giftstoffe, die sie zur Abschreckung aus Drüsen absondern, sind nur für Feinde wie Schlangen gefährlich. Im Übrigen halten sich Erdkröten meist in feuchten Verstecken auf. Sie gehen vorwiegend in der Dunkelheit oder bei Regen auf Schneckensuche, wobei sie auch Schneckeneier nicht verschmähen.

Fortpflanzung im Frühjahr

Nur zur Paarungszeit versammeln sich Kröten aus der Umgebung manchmal massenweise im Gartenteich (Abb. 1.51). Ihr Naturtrieb führt die Tiere jedes Jahr zurück zum Gewässer, in dem sie das Licht ihrer kleinen Welt erblickten. Kröten sind standorttreu und können viele Jahre erhalten bleiben, wenn sich die Lebensbedingungen nicht zu ihrem Nachteil verändern. Von März bis April sind gelegentlich im Gartenteich lange Laichschnüre zu finden. Gut getarnt daneben schwimmen die Krötenpaare unter Wasser oder sie sitzen fest umklammert am Rand. Selbstverständlich dürfen die Tiere nicht

1.50: Erdkröten *(Bufo bufo)*: Die Paarungszeit im Frühjahr dauert nur 10 bis 14 Tage. Dann tummeln sich manchmal mehrere Tiere im Teich.

1.51: Kröten-Paarung: Die kleineren Männchen klammern sich am Weibchen fest. Sie haben ständig mit Konkurrenten zu kämpfen.

durch übertriebene Teichpflegearbeiten gestört werden. Das gilt auch im Herbst, wenn sich die Kröten in Erdhöhlen am Ufer verkriechen.

Mut zur Wildnis

Wer Nützlinge im Garten schützen oder ansiedeln möchte, sollte allgemein nur sorgsam Eingriffe vornehmen und eine schonende Pflege betreiben. Das bedeutet beispielsweise, neben naturnahen Wasserstellen auch Brachland zum Verwildern zu erhalten sowie Natursteinhaufen, Holzstapel, Laubschüttungen und andere Unterschlupfmöglichkeiten anzulegen. Ebenso wie die Erdkröten suchen Zauneidechsen (*Lacerta*) unter anderem Erdhöhlen als Winterquartiere auf. Wenn sie bei Erdarbeiten ausgegraben werden, sollten sie sofort wieder ein Quartier in geschützter Lage bekommen (Abb. 4.4, Seite 70). Im Sommer halten sich die flinken Reptilien in Steingärten auf. Auch sie leben zum Teil von Schnecken und deren Eiern, obwohl sie vorzugsweise Spinnen und andere Insekten fangen. Eidechsen sind wie Kröten und Frösche recht langlebige Nützlinge, die viele Jahre im Garten bleiben, wenn sie genügend Nahrung und geschützte Ruheplätze vorfinden.

Keine Angst vor wilden Tieren

Die meisten Wildtiere haben von Natur aus Berührungsängste und gehen den Menschen, falls möglich, aus dem Weg. So ziehen sich Schlangen wie Ringelnattern und Kreuzottern lieber zurück, als dass sie angreifen. Das gilt auch für Blindschleichen, die nicht zu den Schlangen zählen, sondern wie Eidechsen zu den echten Echsen. Diese Kriechtiere sind mittlerweile nur noch selten in der Natur zu sehen. Sie sollten deshalb auch im Garten geschont wer-

1.52: Wasserfrosch: Anders als die Kröten machen die Wasserfrösche *(Rana esculenta)* zur Paarungszeit viel Lärm. Der ist jedoch zu dulden.

1.53: Eidechsen *(Lacerta)* sind flinke Lurche; allerdings nur bei warmem Wetter. Im Winter ruhen sie in der Kältestarre.

1.54: Diese Zauneidechse *(Lacerta agilis)* ist weniger agil. Sie lässt sich offensichtlich gut gesättigt die Sonne auf den Bauch scheinen.

1.55: Erkennungszeichen für die Ringelnatter *(Natrix natrix)* sind die halbmondförmigen Flecken am Hinterkopf. Die Hautfarbe kann variieren.

1.56: Würfelnattern *(Natrix tesselata)* können über 1 Meter lang werden. Sie halten sich im und am Wasser auf. Die Schlangen sind ungefährlich.

1.57: Hauskatzen haben die Katzenminze *(Nepeta-Arten)* zum Fressen gern. Oft wälzen sie sich in den Stauden.

den, wenn sie hier ein Refugium gefunden haben.
Blindschleichen ernähren sich vorwiegend von Nacktschnecken. Sie siedeln sich auf unberührtem Brachland oder verwilderten Felshängen an. Anders als Eidechsen bringen diese bronzefarbenen Reptilien etwa 10 bis 20 lebende Jungtiere zur Welt. Manchmal sind Blindschleichen oder auch Ringelnattern in Komposthaufen zu finden. Ringelnattern, die zu den Schlangen gehören, legen im Sommer 10- 30 Eier, aus denen nach etwa 8 Wochen die Jungtiere schlüpfen. Sie überwintern in unterirdischen Bruthöhlen, die gelegentlich bei Gartenarbeiten beschädigt oder zerstört werden. Beim Umsetzen des Komposthaufens und beim Umgraben von Brachflächen ist auf solche Gelege bzw. Schlafquartiere zu achten. Während Ringelnattern und Blindschleichen völlig harmlos sind, sollte den Kreuzottern besser nicht zu nahe getreten werden. Diese Schlangen sind aber ohnehin sehr selten und kommen kaum in gewöhnlichen Hausgärten vor.

Fressen und gefressen werden

Nützlinge wählen ihre Nahrung nicht nach ethischen Ansichten aus. Sie futtern das, was ihnen gerade vor das Maul springt oder kriecht. So bleibt es natürlich nicht aus, dass für den Garten nützliche Tiere andere Nützlinge fangen. Beispielweise bleiben Eidechsen nicht von großen Singvögeln verschont. Ebensowenig sind Frösche vor Ringelnattern sicher. Je größer und abwechslungsreicher sich die Reviere gestalten, umso besser sind die Überlebenschancen gefährdeter Tiere.
Hinweis: Wer im Garten unbekannte Tiere, etwa nicht eindeutig identifizierbare Schlangen entdeckt, sollte selbstverständlich Abstand halten. Erst nach der Bestimmung mittels Tierbuch oder durch einen Mitarbeiter eines Naturschutzvereins kann Entwarnung gegeben werden. Könnten Kinder gefährdet sein, ist die Aussiedlung der Schlange in die freie Natur nicht zu vermeiden.

Nützliche Haustiere

Schon immer gehören Haustiere zu den Lebensgemeinschaften in Dörfern und Städten. Früher waren die Beziehungen zu den Tieren vorwiegend auf ihren Nutzen als Nahrungsmittellieferanten und als Arbeitshilfen ausgerichtet. Heute haben sich Haustiere in privaten Haushalten eher als liebenswerte Gefährten etabliert.
Kühe, Schweine oder Hühner werden heute fast ausschließlich in landwirtschaftlichen Betrieben gehalten. Selten sind solche Nutztiere in Gärten zu fin-

den. Allenfalls halten sich private Tierzüchter noch Nutztiere wie Tauben, Hasen oder Zwerghühner in größeren Gruppen. Heute sind meist Hunde und Katzen als Haustiere in den Familien und privaten Haushalten anzutreffen. Dazu kommen Singvögel, Kaninchen, Hamster und andere Arten, die in Käfigen vorwiegend als Spielgefährten für Kinder gehalten werden.

Tiere mit Jagdinstinkt

Der Wert als Nützlinge im Garten ist bei Haustieren mit Einschränkungen behaftet. So haben beispielsweise Katzen mit Jagdinstinkt einen großen Nutzen als Wühlmausfeinde. Sie stellen den schädlichen Nagetieren nach und schützen die sonst betroffenen Obst- und Zierpflanzen. Allerdings beschränken sich die wildernden Tiere nicht auf Wühlmäuse, sondern sie fangen leider auch Singvögel, wenn sie ihnen beikommen können. Zum Schutz sollten deren Nisthilfen, wie schon erwähnt, deshalb unbedingt „katzensicher" platziert werden. Auch Hunde bewähren sich als Nützlinge gegen tierische Schädlinge im Haus und im Garten, indem sie Wühlmäuse und Marder fernhalten. Große Vertreter dieser Haustiere richten aber auch Schäden an, zumal sie Trampelpfade verursachen. In sensiblen Bereichen können Absperrungen wirksam sein. Gegen Urinflecken im Rasen helfen regelmäßige Spaziergänge in freier Natur bzw. artentsprechend geräumige Ausläufe.

Natürliche Rasenmäher

Kaninchen gehören eher zu den schädlichen Tieren, wenn sie sich frei bewegen dürfen. Dann nagen sie mit Vorliebe die saftige Rinde junger Obstbäume an oder fallen über Gemüsepflanzen her. Hauskaninchen lassen sich aber als Rasenmäher nutzen. Dazu erhalten sie ein Gehege aus Maschendrahtgeflecht, das umgestellt wird, sobald die Nager das Gras kurz abgebissen haben. Zum Schutz der Kaninchen vor Greifvögeln und anderen Feinden sollte der Freilauf oben immer abgedeckt werden.

Beflügelte Jäger

Auch Hühner, Enten oder Gänse richten in kleinen Gärten mehr Schaden an als sie Nutzen bringen. So kann ein einziges Huhn die Arbeit eines ganzen Tages vernichten, wenn es in den frisch bestellten Gemüsegarten eindringt. Die scharrenden Großvögel lassen sich aber gezielt als Nützlinge einsetzen. Beispielsweise picken die Hühner im Obstgarten die frühzeitig abgefallenen Kirschen auf und vernichten damit auch die Maden in den Früchten. Hühner werden allerdings selten in Hausgärten als Nutztiere gehalten.

1.58: Laufenten sind gezüchtete Nachkommen der Stockenten *(Anas platyrhynchos)*. Sie lassen sich gut in großen Gärten halten.

1.59: Für die Haltung von Haushühnern *(Gallus gallus domesticus)* ist ein ausreichend großes Gelände nötig. Sonst „pflügen" sie den Rasen um.

Tipp: Mist vom Bauernhof

Wer Mist von vorzugsweise biologisch betriebenen Stallungen bekommt, sollte sich bedienen. So kann frischer Pferdemist als natürliche Heizung eines Frühbeetes nützlich sein. Verrotteter Rindermist eignet sich zum Aufbessern des Komposts oder als Frostschutz und Düngemittel im Rosengarten.

Öfter kommen Laufenten zum Einsatz, die weniger Schaden anrichten, wenn sie genügend Auslauf haben. Diese seltsamen Vögel haben sich in den letzten Jahren als wertvolle Schneckenvertilger bewährt. Sie suchen den Garten nach Nacktschnecken ab und vertilgen zudem die Eigelege dieser Schädlinge. Neben einer Schutzhütte, in der sie während der Nacht vor Mardern und anderen Raubtieren sicher sind, brauchen Laufenten genügend Wasserstellen zum Baden und Trinken. Natürlich muss auch im Winter ihre Versorgung mit Futter gesichert sein. Bei guter Pflege können diese Tiere viele Jahre alt werden und Nachwuchs aus Eiern hervorbringen. Auf Bauernhöfen dienen zur Schneckenvernichtung auch gewöhnliche Enten. Sie werden vor der Pflanzzeit im Frühjahr in den Gemüsegarten getrieben, durchstöbern dort den Boden und fressen alle Schnecken, Engerlinge und Larven.

Mist von eigenen Tieren

Die Ausscheidungen der meisten Haustiere sind im Garten unliebsam. Neben den Urinflecken im Rasen ist beispielsweise der Katzenkot im Sandkasten oder in frischen Gartenbeeten lästig. Dagegen hilft das Abrichten der Tiere und die Möglichkeit zur Notdurft an passenden Plätzen. Besitzer von Geflügel, Kaninchen und anderen Nutztieren können den Mist ihrer Schützlinge verwerten. Der Stallmist wirkt als wertvoller Dünger, indem er etwa dem Kompost beigemischt oder in Wasser aufgelöst und in verdünnter Form auf die Beete gegeben wird.

Kleinstlebewesen

Es ist wie im Märchen: Tatsächlich sind im Garten unzählige unsichtbare Wesen ständig damit beschäftigt, wichtige Arbeiten zu erledigen. Die Zwerge unter den Nützlingen, zu denen Regenwürmer, Asseln, Tausendfüßler und andere Kleinstlebewesen gehören, tragen ganz wesentlich zum Naturhaushalt bei.

Ohne die natürliche Verrottung, bei der unzählige Tierchen, Pilze und Bakterien mitwirken, kämen mit der Zeit Berge an Abfällen zusammen. Man denke nur an die Fülle an Laub im Herbst, die in den Wäldern anfällt. Davon ist schon im folgenden Frühjahr kaum noch etwas übrig, alles wird fast vollständig zu duftender Walderde verarbeitet. Die Pflanzen wiederum, die den Rohstoff liefern, sind ganz wesentlich auf diese Art der Humusversorgung angewiesen. In den tropischen Regenwäldern beispielsweise ist kein Wachstum mehr möglich, wenn die dünne Humusdecke verschwindet. In den heimischen Wäldern dringen die Bäume in tiefe Erdschichten vor, um sich mit Wasser und Nährstoffen zu versorgen. Dennoch brauchen auch sie die Humusversorgung. Immerhin sind in diesem organischen Substrat lebenswichtige Stoffe enthalten, die ihnen nützlich sind, wie Spurenelemente und Nährstoffe, aber auch Bakterien und Pilze. Manche Arten bilden sogar Lebensgemeinschaften mit den Bodenlebewesen. So profitieren beispielsweise Erlen von Wurzelbakterien („Azotobakter"), die sich im Boden ansiedeln und Stickstoff produzieren. Nicht nur Gehölze, sondern auch krautige Pflanzen sind auf solche Partner angewiesen. Manche Orchideen etwa fassen nur Fuß, wenn ihnen bestimmte Bodenorganismen zur Verfügung stehen. Diese wiederum brauchen organische Humusstoffe.

Edaphon

Die Gesamtheit aller Bodenlebewesen wird *Edaphon* (griechisch edaphos = Erdboden) genannt. Dazu zählen neben Würmern, Asseln, Milben und anderen Tierchen auch Bakterien, Pilze, Algen und weitere Organismen, die an der Umsetzung beteiligt sind. Sie haben alle ihren eigenen Zuständigkeitsbereich und sorgen für den Abbau bestimmter Stoffe. So verzehren beispielsweise die Regenwürmer welke Blätter und andere abgestorbene Pflanzenteile. Ihre Ausscheidungsprodukte sind reich an wertvollen Nährstoffen, die sogleich den Pflanzen zugute kommen. Gut zu beobachten sind die Regenwurmhäufchen im Rasen. Die „Düngerkapseln" tragen zur Versorgung der Rasengräser bei. Dies erklärt übrigens auch, warum natürliche Rasen – wie der in den Bergen oder Rasenflächen in Parks – stets grün und wüchsig bleiben, obwohl sie keinen Dünger erhalten.

Ebenso wie Regenwürmer beteiligen sich auch Asseln an der Umsetzung welker Pflanzenteile. Allerdings leben diese Krebstierchen nicht im Boden, sondern suchen gern feuchte Plätze unter Steinen oder in Mauerritzen auf. Das gilt auch für Tausendfüßler, die zu den Gliedertierchen gehören. Zum Abbau toter Tiere tragen sowohl Asseln wie auch Tausendfüßler bei. Sie haben deshalb eine wichtige Aufgabe im Kreislauf der Natur und sollten unbedingt geschont werden. Wo sie stören, etwa im Keller oder im Gewächshaus, lassen sie sich mit Besen und Kehrschaufel leicht aufnehmen und beispielsweise in den Komposthaufen umquartieren. Zu den stellenweise störenden Nützlingen im Naturkreislauf zählen auch die Ameisen. Im Wald stehen diese emsigen Tierchen unter Naturschutz, zumal sie eine Fülle an Schadinsekten vernichten. Im Garten siedeln sich Ameisen gerne unter Terrassenbelägen an und dringen ins Haus ein. Hier werden die Nester ausgehoben und an abseitige Plätze verfrach-

1.60: Würmer sind wichtige Gartenhelfer.

1.61: Eichenlauberde, teilweise verrottet.

1.62: Baumstamm, verrottet, mit Pilz

tet. Ähnlich wie mit den oft lästigen, aber weitgehend nützlichen Ameisen verhält es sich mit weiteren, aber anders gearteten Lebewesen, den Pilzen. Diese blattgrünfreien Pflanzen siedeln sich auf abgestorbenen Baumstämmen, Holzstümpfen und dergleichen an und sind für die Zersetzung unverzichtbar. Allerdings dringen sie mittels Sporen auch durch dürre Zweige, Rindenritzen oder Schnittwunden in gesunde Bäume ein. Das ist durch eine gründliche Gehölzpflege und Vorsorge zu verhindern. Anders als Pilze dringen Flechten nicht in die Wirtspflanzen beziehungsweise in abgestorbenes Holz ein. Sie bilden auf der Oberfläche rasenartige Bestände. Einen direkten Nutzen haben Baumflechten nicht im Abbau- und Umsetzungsprozess der Natur. Allerdings weisen sie auf schadstofffreie Luft hin.

Heimstatt Komposthaufen

Der besondere Wert der Kleinstlebewesen wird schon alleine wegen ihrer geringen Größe weniger im Gesamtbild der Natur oder des Gartens als vielmehr in Teilbereichen sichtbar, zumal die meisten Arten im Untergrund wirksam sind. Was diese Tierchen und Organismen leisten, lässt sich beispielsweise bei der Kompostierung abschätzen. Sie wandeln in Zusammenarbeit einen Haufen Abfälle in wenigen Monaten zu wertvoller Erde um.

Schützen und schonen im Winter

1.63: Singdrossel *(Turdus philomelus)* auf Vogelbeere *(Sorbus aucuparia).*

Im Herbst, wenn die Tage merkbar kürzer werden, beginnt die Ruhezeit der Pflanzen. Dann ziehen sich mit den Schädlingen auch viele Nützlinge in ihre Verstecke zurück. Im Zuge der Gartenpflege ist auf die Winterquartiere der Igel, Lurche und Singvögel zu achten.

Das kontinentale Klima in Mitteleuropa ist im Jahreskreis von vielen Schwankungen geprägt. Der Rhythmus der Jahreszeiten und die Wetterwechsel während des Jahres wirken sich natürlich auch auf die Flora und Fauna im Garten aus. So kommen beispielsweise Blattläuse und andere tierische Schädlinge besonders in der Hauptwachstumszeit im Sommer vor, wenn sie eine

Fülle an frischen zarten Blättern finden. Dann wiederum gibt es auch für deren Feinde reichlich Futter. Entsprechend sind Gärten bei einer starken Population an Blattläusen, Raupen, Käfern sowie anderen Blattsaugern und Fraßschädlingen für viele Nützlinge attraktiv. Sobald die Tage kürzer und kälter werden, verschlechtern sich die Lebensbedingungen sowohl für die Insekten, die auf frisches Grün angewiesen sind, als auch für deren Feinde. Viele Nützlinge suchen dann andere Lebensräume auf. So fliegen die Zugvögel in wärmere Regionen der Erde, zumal sie im Winterhalbjahr keine Mücken finden. Im Süden können sie dann wieder aus dem Vollen schöpfen. Das gilt auch für Stare, die auf gefrorenem oder schneebedecktem Boden nicht nach Würmern und Engerlingen picken können, sowie für viele andere Vögel, die von Insekten leben. Im Garten beziehungsweise am Haus bleiben dann nur die leeren Nester und Nisthöhlen zurück. Sie sollten erhalten bleiben, zumal die standorttreuen Vögel im nächsten Jahr wieder kommen. Gerne suchen auch die überwinternden Arten wie Meisen oder Spatzen die Nistkästen als Schlafquartiere auf. Nur die alten Nester sollten aus den Kästen entfernt werden. Im Zuge der Gartenpflege ist nun eine gute Gelegenheit zum Reinigen der Brutstätten. Die Standvögel sind im Winter weiterhin nützlich. Sie picken in den Rindenritzen der Obstbäume und befreien sie von Apfelwicklern und anderen Schädlingen.

1.64: Für Amseln sind die giftigen Ligusterbeeren *(Ligustrum vulgare)* ein nützliches Winterfutter.

1.65: Futter für Finken: Samenstände von Wildstauden und Kräutern dienen vielen Vögeln als Nahrung. Sie sollten stehen gelassen werden.

1.66: Sanddorn mit Amsel.

1.67: Zierapfel *(Malus)*, fruchtend, mit Drossel.

1.68: Spatzen am Vogelfutterhaus.

1.69: Amsel isst Apfel: Natürliche Futterquellen helfen den Vögeln oft mehr als künstlich geschaffene Futterstellen.

Winterquartiere herrichten

Manche Tierearten, die nicht in südländische Winterquartiere ausweichen, graben sich zuhause in den Boden oder in Laubhaufen ein. Dazu gehören die Igel, die im Sommer Schnecken, Larven und andere Tierchen jagen. Rechtzeitig vor den ersten strengen Frösten gehen sie auf Quartiersuche. Wenn sie passende Unterschlüpfe finden, bleiben sie im Garten. Günstige Bedingungen bietet eine hohe Aufschüttung aus Falllaub, das in eine abgelegene Gartenecke transportiert und zum Schutz vor Verwehungen mit Reisig und Zweigen abgedeckt wird. Im Inneren solcher Laubhaufen bleiben die schlafenden Igel vom Frost verschont (Abb. 1.72). Wenn sie ungestört überwintern können, reichen ihre Fettreserven bis zum nächsten Frühjahr aus. Eine übertriebene oder sehr späte Gartenpflege im Herbst ist zum Schutz der Nützlinge deshalb zu vermeiden. Auch Kriechtiere wie Eidechsen und Blindschleichen überwintern im Garten, ebenso Lurche wie Erdkröten und Frösche, die sich gerne im Komposthaufen oder am Teich eingraben.

1.70: Dichtes, dorniges Geäst ist der beste Schutz vor wildernden Katzen oder Mardern. Die Vögel bauen ihre Nester gerne in Weißdorn-, Schlehdorn- oder Sanddornbüsche.

Wildbienen und Erdhummeln erhalten

Während Wespen, Hornissen und Hummeln nur eine Saison leben, sind Bienen mehrere Jahre aktiv. Bei den Wespen und Hornissen sucht nur die befruchtete Königin ein Winterquartier auf. Sie gründet dann im nächsten Frühjahr wieder einen neuen Staat. Ebenso verhalten sich die Hummeln. Bei diesen äußerst nützlichen Insekten bleiben nur die befruchteten Jungköniginnen am Leben. Sie überwintern – je nach Art im Boden oder in Baumstümpfen – und legen dann oft schon im März ihre Eier in selbst gebauten Wachskammern ab. Es empfiehlt sich zum Schutz der Hummeln und anderer nützlicher Tiere auf Erdarbeiten und Renovierungseingriffe insbesondere in Randbereichen oder verwilderten Ecken zu verzichten oder bis zum Frühjahr zu warten. Wenn sich solche Arbeiten nicht vermeiden lassen, ist auf eingenistete Tiere zu achten. Sie werden vorsichtig evakuiert und an andere Ruheplätze gebracht. Steinhaufen oder Holzstapel, die gezielt für Wildbienen, Hummeln und andere Nützlinge angelegt wurden, sind im Herbst tabu. Solche Nistplätze sollten ohnehin nicht gestört oder umgeschichtet werden.

1.71: Das Igelchen *(Erinaceus europaeus)* hat keine Chance, den Winter zu überstehen. Solche Tiere nehmen Überwinterungs-Stationen auf. Die Adressen wissen die Tierärzte.

1.72:
Laubhaufen im Schnee – Überwinterung für Igel

2 Lebensraum Bäume, Sträucher, Blumen

Der beste Schutz und die günstigste Förderung für Nützlinge aller Arten sind gute Lebensbedingungen im Garten. Die Pflanzung von Bäumen, Hecken, Stauden und die Aussaat von Sommerblumen sowie das Dulden wilder Flächen bringt mehr als die Anschaffung von Nistkästen, Kisten und Höhlen. Eine üppige Vegetation im Garten mit Wildobst, Wiesen, Wasserstellen, Steingarten, Holzstapeln, Steinhaufen und dergleichen ist eine Einladung für Vögel, Kriechtiere, Igel und Insekten.

Blüten für das ganze Jahr

Der Garten bedarf wie ein Wohnhaus einer geschickten Raumaufteilung und Gestaltung. Ein stimmig angelegter Garten wird gerne angenommen und genutzt. Besonderes Augenmerk verdient dabei die Bepflanzung, zumal Gehölze, Stauden und Sommerblumen einen wesentlichen Teil der Fläche einnehmen. Insbesondere gilt es, Blütenpflanzen gezielt zu wählen und in die Erde zu setzen. Im tierfreundlichen Garten kommen vor allem solche Arten zum Einsatz, die gerne von Bienen, Hummeln, Schmetterlingen und anderen Insekten besucht werden und die zudem für Vögel nützlich sind. Dazu gehören Gehölze, die ein dichtes, schützendes Geäst entwickeln und die Beeren tragen.

Den größten Teil der Gartenflora bilden Bäume und Sträucher. Sie sollten besonders sorgfältig gewählt werden, zumal sie viele Jahre zum Bestand der Anlage gehören. Es gibt etliche Arten, die sich durch eine besondere Blütenfülle auszeichnen. Diese Gehölze kommen nicht nur als Solitäre – also als schöne freistehende Pflanzen – zum Einsatz, sondern auch in Hecken. Der Flor der Bäume und Sträucher dauert gewöhnlich nur wenige Wochen. Es lohnt sich also, geschickt auszuwählen und günstig zu arrangieren, damit das ganze Jahr über etwas blüht.

Linke Seite:
Männliche Haselblüten (*Corylus avellana*), mit Marienkäfer, der sich ausruht.

2.1:
Sommerflieder (*Buddleia davidii*).

2.2:
Felsenbirne (*Amelanchier*).

2.3:
Zaubernuss (*Hamamelis).*

2.4:
Eibisch (*Hibiscus syriacus).*

Die Hauptblütezeit beschränkt sich auf wenige Wochen im Frühjahr. Das liegt an der Natur der Pflanzen, denn sie blühen ja nicht, um uns zu gefallen, sondern um vorwiegend von Insekten bestäubt zu werden und schließlich Früchte zu bekommen. Dazu müssen sie ihre Blüten rechtzeitig im Jahr entfalten, damit sie bis zum Herbst genügend Zeit zur Fruchtreife haben.
Es gibt aber eine Reihe von Ziersträuchern, die vom natürlichen Rhythmus abweichen und zu anderen Zeiten blühen. Das sind vorwiegend Züchtungen oder sogenannte Exoten aus anderen Ländern oder auch Arten, die nicht auf die Bestäubung durch Insekten angewiesen sind, sondern ihren Blütenstaub vom Wind verbreiten lassen. Besonders diese Arten und Sorten machen einen bunten Blütenreigen rund um's Jahr möglich. So öffnet die Zaubernuss (*Hamamelis*) ihre gelben oder roten Fiederblütchen bei mildem Wetter mitten im Winter. Richtig auffällig wirken diese Sträucher im Schnee.
Eine verwandte Art, die nicht aus Asien stammt, sondern aus Nordamerika und zwar die *Hamamelis virginiana* verhält sich ebenso ungewöhnlich – sie blüht zwar nicht im Winter, aber im Herbst. Mit der Winterzaubernuss, die in verschiedenen Sorten zu bekommen ist, blühen die

2.5:
Essigbaum (*Rhus typhina)* mit Bienen.

2.6:
Duftschneeball (*Viburnum farreri).*

verwandten Haseln auf, deren Kätzchen durchaus attraktiv sind, besonders die roten Sorten. Haselsträucher gehören zwar zu den Windblütlern, spenden aber durchaus wertvollen Blütenstaub für Bienen und andere Insekten. Und das schon im Spätwinter, wenn sonst noch wenig blüht. Nach der Bestäubung reifen die Nüsse, die im Herbst Eichelhähern, Eichhörnchen und anderen Tieren als Winterfutter dienen.
Zarte, duftende Blüten bringt im Spätwinter auch der Winterschneeball (*Viburnum fragrans*) hervor. Dieser, ursprünglich aus Nordchina stammende Strauch, hat sich mittlerweile in vielen Gärten etabliert. Die Schmetterlinge, Bienen und Hummeln suchen die frühen Blüten gerne auf. Die Tiere sind auch vielen anderen Gehölzen aus fernen Ländern nicht abgeneigt. So gehören etwa der Essigbaum (*Rhus typhina*) und der Tulpenbaum (*Liriodendron tulipifera*), die beide in Nordamerika heimisch sind, zu den wertvollsten Bienenweiden (Tabelle 2, Seite 44 ff.).

2.7:
Eichhörnchen *(Sciurus)* mit Walnuss.

2.8: Liguster (*Ligustrum*).

2.9: Amselnest im Rosenbusch.

Tabelle 1: Vogelnistgehölze / Vogelschutzgehölze (Auswahl)

Feldahorn (*Acer campestre*); Baum, Großstrauch

Feuerahorn (*Acer ginnala*); Strauch

Kugelahorn (*Acer platanoides 'Globosum'*); kleiner Baum

Berberitze (*Berberis-Arten*); dorniger Strauch

Kornelkirsche (*Cornus-Arten; hier Cornus mas*); Strauch

Hasel (*Corylus avellana*); Großstrauch

Apfeldorn (*Crataegus lavallei*); kleiner Baum oder Strauch

Weißdorn (*Crataegus monogyna*); Früchte

Felsenmispel (*Cotoneaster-Arten*, hier *Cotoneaster dammeri*); Fruchtstrauch

Tabelle 1: Vogelnistgehölze / Vogelschutzgehölze (Auswahl)

Pfaffenhütchen (*Euonymus europaeus);* Strauch

Schlingknöterich (*Fallopia aubertii);* Kletterpflanze

Efeu (*Hedera helix)* mit Amsel; immergrüne Heckenpflanze

Sanddorn (*Hippophae rhamnoides);* dorniger Fruchtstrauch

Liguster (*Ligustrum vulgare)* mit Drossel; wintergrüner Strauch

Heckenkirsche (*Lonicera-Arten);* Strauch oder Kletterpflanze

Apfel (*Malus-Arten, hier Malus domestica);* Baum

Wilder Wein (*Parthenocissus Arten*) mit Amsel; Kletterpflanze

Kirsche (*Prunus-Arten*) mit Amsel; Baum, Strauch

Tabelle 1: Vogelnistgehölze / Vogelschutzgehölze (Auswahl)

Süßkirsche (*Prunus avium*); Baum, Strauch

Feuerdorn (*Pyracantha*); immergrüner Fruchtstrauch

Birne (*Phyrus communis*); Baum

Faulbaum (*Rhamnus-Arten, hier Rhamnus alnus*); Strauch

Johannisbeere (*Ribes-Arten*); Fruchtstrauch

Kugelakazie (*Robinia pseudoacacia 'Umbraculifera'*); kleiner Baum

Wildrose (*Rosa-Arten, hier Rosa canina*); stacheliger Strauch

Holunder (*Sambucus nigra*); Fruchtstrauch

Eberesche (*Sorbus-Arten, hier Sorbus aucuparia*); kleiner Baum

Tabelle 1: Vogelnistgehölze / Vogelschutzgehölze (Auswahl)

Schneeball (*Viburnum-Arten, hier Viburnum opulus*); Strauch

Tanne (*Abies-Arten, hier Abies nordmanniana*); Baum, Strauch

Scheinzypresse (*Chamaecyparis*); Baum, Strauch

Wacholder, (*Juniperus communis*); Strauch

Fichte (*Picea-Arten, hier Picea abies*); Baum, Strauch

Fichte (*Picea abies*); Zapfen

Kiefer (*Pinus-Arten, hier Pinus mughus*); Baum, Strauch

Eibe (*Taxus-Arten, hier Taxus baccata*); Baum, Strauch

Lebensbaum (*Thuja*); Baum, Strauch

2.9: Tagpfauenauge *(Inachis io)* auf Gänseblümchen *(Bellis perennis).*

2.10: Ringelblume (*Calendula officinalis)* mit Biene.

Nahrungsquellen und Nistplätze für Tiere

Den Tieren kommen neben den nektarspendenden Blüten insbesondere die Früchte zugute. In diesem Sinne sollten vor allem solche Gehölze den Vorzug erhalten, die gerne von Insekten aufgesucht werden und solche, die für Vögel wertvolle Früchte bilden. Gehölze, die sowohl Nektar spenden, als auch Vogelfutter bieten, sind Weißdorn (*Crataegus-Arten*), Holunder, Liguster, Schneeball, Zierapfel, Wildrosen, Efeu, Felsenmispel, Pfaffenhütchen, Heckenkirschen und viele andere Arten. Dazu kommt eine Reihe von gezüchteten oder fremdländischen Gehölzen, die sich als wertvolle Insektenweiden und Fruchtgehölze bewährt haben. Die Gehölze dienen zudem auch als Nistplätze und Verstecke für die Vögel, auch wenn sie keine verwertbaren Früchte tragen. Statt typischer Ziergehölze mit auffälligen Blüten können auch Obstgehölze zum Flor beitragen. Ein Apfelbaum oder eine Süßkirsche steht einem Zierapfel oder einer Zierkirsche in der Blütenfülle nicht nach. Aus den Blüten der Obstbäume entstehen dann Früchte, die im Sommer oder im Herbst attraktiv wirken und nützlich sind.

Blütenstauden

Zum reichen Flor tragen neben einjährigen Sommerblumen, die nicht nur in Kübeln und Kästen gedeihen, auch ausdauernde Blütenstauden bei, die viele Jahre hindurch zu bestimmten Jahreszeiten einen frischen Flor hervorbringen. Im tierfreundlichen Garten werden wiederum wie bei den Gehölzen solche Arten bevorzugt, die Nektar spenden. Dazu gehören zum einen alle Asterngewächse wie etwa Sonnenhut, Kugeldisteln, Staudensonnenblumen, Astern und andere, zum anderen die Lippenblütler wie Wiesensalbei, Gamander, Taubnesseln und dergleichen. Außerdem gehören dazu nektarspendende Stauden aus anderen Familien, wie z.B. Schmetterlingsblütler, Mohngewächse und Doldenblütler. Werden auch hier bei der Auswahl und Pflanzung die Blütezeiten beachtet, steht die ganze Saison hindurch ein reichhaltiges Angebot zur Verfügung. Aus den Blüten, die wiederum für Insekten nützlich sind, entwickeln insbesondere Wildstauden wertvolle Samen, die für Vögel eine gute Nahrungsquelle darstellen. Die Samenstände von Astern, Sonnenhut, Goldruten und anderen Arten sollten deshalb bis zum Frühjahr erhalten bleiben, d.h. der Rückschnitt sollte erst nach dem Winter erfolgen.

2.11: Veilchen (*Viola)* mit Hummelschwärmer.

2.12: Narzisse (*Narcissus)*, mit Hummel

Zwiebelblumen und Knollenpflanzen

Einen ähnlichen Wert im tierfreundlichen Garten haben Zwiebel- und Knollenpflanzen. Viele Züchtungen sind jedoch nur kurzlebig oder frostempfindlich und müssen immer wieder neu gepflanzt werden. Wildarten, wie Schneeglöckchen, Krokusse und Wildtulpen bilden ausdauernde Bestände, die sich flächig ausbreiten und jedes Jahr zuverlässig aufblühen. Sie vertragen aber keine Störungen, etwa durch die Bodenbearbeitung oder durch frühzeitiges Abmähen oder Abschneiden der welken Blätter. Ausdauernde Zwiebelblumen dürfen in Ruhe abblühen, verwelken und einziehen. Nach der Ruhezeit im Boden blühen sie im nächsten Jahr wieder auf. Die frühen Arten wie Winterlinge und Schneeglöckchen bieten den Insekten schon im Spätwinter den ersten Nektar im Jahr. Sommerblüher wie Steppenkerzen und Dahlien tragen während der Hauptsaison zur Nahrungsversorgung bei. Und Spätblüher wie Herbstzeitlose und Herbstkrokusse laden noch zum Ende der Saison Schmetterlinge, Bienen, Hummeln und andere Insekten zu Besuchen ein.

2.13: Wildtulpe (*Tulipa tarda)* mit Biene.

Sommerblumen

Blumen-Arten, die nur „fürs Auge" gezüchtet wurden und nur eine Saison blühen, können durchaus wertvollen Nektar produzieren. Dazu gehören z.B. Ringelblumen, Zinnien oder Sonnenblumen. Letztere sind während ihrer langen Blütezeit für Insekten nützlich. Bienen, Hummeln, Schwebfliegen und Schmetterlinge erledigen die Bestäubung, sozusagen als Gegenleistung für den Blütenstaub. Sonnenblumenkerne z.B. sind ein gerne angenommenes Futter für Meisen, Spatzen, Finken und andere Vögel.

Tolerante Tiere

Hier sei darauf hingewiesen, dass die meisten unserer bekannten Gartenpflanzen aus fernen Ländern angesiedelt wurden. Dazu gehören die Sonnenblumen aus Mittelamerika, die im Sommer als Feldpflanzen ganze Landstriche prägen, die chinesischen Schmetterlingsflieder, die zu den wichtigsten Insektennährpflanzen gehören und die Felsenbirnen aus Nordamerika, deren Blüten willkommene Nektarquellen sind und deren Früchte von Amseln und anderen Vögeln verspeist werden. Die Tiere unterscheiden nicht zwischen heimischen und exotischen Arten. Immerhin verbringen viele „unserer" Singvögel das halbe Jahr im Ausland und sind durch ihre Winterquartiere in Afrika exotische Kost gewohnt.

2.14: Krokus *(Crocus vernus)* mit Hummel und Biene.

2.15: Schneeglöckchen (*Galanthus nivalis)* mit Honigbiene.

Tabelle 2: Insektennährgehölze (Auswahl)

Ahorn (*Acer, hier Acer platanoides*); Baum, Strauch

Rosskastanie (*Aesculus hippocastanum*); Baum

Felsenbirne (*Amelanchier lamarkii*); Strauch

Berberitze (*Berberis vulgaris*); Strauch

Sommerflieder (*Buddleia davidii 'Niobe'*); Strauch

Sommerheide (*Calluna vulgaris*); kleiner Strauch

Bartblume (*Caryopteris*); kleiner Halbstrauch

Kornelkirsche (*Cornus mas*); Strauch

Hasel (*Corylus avellana*); Strauch

Tabelle 2: Insektennährgehölze (Auswahl)

Weißdorn (*Crataegus monogyna*); kleiner Baum

Winterheide (*Erica*); kleiner Strauch

Liguster (*Ligustrum vulgare*); Strauch

Heckenkirsche/Waldgeißblatt (*Lonicera caprifolium*); Kletterpflanze

Heckenkirsche/Jelängerjelieber (*Lonicera heckrottii*); Kletterpflanze

Apfel (*Malus domestica*) mit Biene; Baum

Mahonie (*Mahonia aquifolium*) mit Biene; kleiner immergrüner Strauch

Wilder Wein (*Parthenocissus*); Kletterpflanze

Kirsche (*Prunus*), Blüte mit Biene; Baum, Strauch

Tabelle 2: Insektennährgehölze (Auswahl)

Birne (*Pyrus);* Blüte
Baum

Feuerdorn (*Pyracantha),* Blüte mit Schmetterling; kleiner Strauch

Rhododendron (*Rhododendron yakushi),* Blüte mit Hummel; Strauch

Essigbaum (*Rhus typhina);* kleiner Baum

Zierjohannisbeere (*Ribes sanguineum),* Blüte mit Hummel; Strauch

Wildrose (hier *Rosa canina),* Hundsrose, Blüte mit Biene; Strauch

Robinie (*Robinia pseudo-acacia);* Baum

Brombeere, Himbeere (hier *Rubus idaeus,* Himbeere), Blüte mit Biene; Strauch

Weide (hier *Salix caprea)* mit Schmetterling; Baum, Strauch

Tabelle 2: Insektennährgehölze (Auswahl)

Holunder (hier *Sambucus nigra)*; Strauch

Eberesche (*Sorbus aucuparia)*; Baum

Efeu (*Vanessa atalanta*, Herbstblüte mit Admiral); Strauch, Kletterpflanze

Flieder (hier *Syringa patula 'Miss Kim'*) mit Schmetterling; Strauch

Linde (hier *Tilia platyphyllos)*, Sommerlinde; Baum

Lavendel (*Lavandula angustifolia)* m. Schwalbenschwanz; Halbstrauch

Schneeball (hier *Viburnum lantana)*; wolliger Schneeball; Strauch

Tulpenbaum (*Liriodendron tulipifera)*; Baum

Edelrose (*Rosa-Arten)*; Strauch

3 Bauanleitungen für Nisthilfen und Ruheplätze

Alte Bäume und zwar Laub- wie auch Nadelbäume sind ein Segen für Insekten. In den Rindenritzen finden Marienkäfer, Schlupfwespen und viele andere Tierchen einen Unterschlupf. Allein schon deshalb sind sie erhaltenswert, auch wenn sie bereits vergreisen. Wo alte Bäume fehlen – etwa in jungen Gärten – können Unterschlupfmöglichkeiten auch künstlich geschaffen werden. Jeder kennt die Nisthöhlen für Ohrwürmer. Die mit Holzwolle gefüllten Blumentöpfe werden bevorzugt von diesen Blattlausfeinden angenommen. Natürlich werden Nisthilfen nicht nur von den nützlichen Tierchen aufgesucht, sondern auch von weniger willkommenen. Wespen bauen beispielsweise ihre kunstvollen Papiernester gerne in leerstehende Vogelnistkästen. Wenn das nicht direkt an der Terrasse geschieht, stört es niemanden. Immerhin sind auch Wespen nützlich, indem sie Blattläuse fangen. Wespen gehören wie die verwandten Hornissen zu den Hautflüglern.
Die wertvollsten Hautflügler sind wohl die Bienen. Die Honigbienen werden ohnehin in eigenen Behausungen angesiedelt. Den Wildbienen, die ebenso für die Bestäubung der Blüten wichtig sind, kommen Nisthilfen zugute, z.B. aus Ziegel oder Holzbündeln und dergleichen. Diese laden zum Bebrüten ein.
Für Hummeln sind käufliche Hummelhöhlen erhältlich, und zwar speziell für Erdhummeln, die sich im Boden ansiedeln. Für eine natürliche Ansiedlung gibt es allerdings keine Gewähr, so dass es sich lohnt, mit dem Kasten auch gleich ein Hummeljungvolk zu kaufen, wenn Hummeln etwa für die Bestäubung benötigt werden. Neben Hummeln sind auch Florfliegen und andere Nützlinge im Handel zu bekommen.
Wer sich auf die natürliche Ansiedlung verlässt, kann dies durch Steinhaufen, umgedrehte Blumentöpfe und andere Hohlkörper fördern. Allerdings ist darauf zu achten, dass nicht Ameisen den Hummeln zuvorkommen. Natürlich lässt sich die Ansiedlung auch durch die Aussaat und Pflanzung von Blütengewächsen begünstigen. Vor allem sind Edeldisteln bevorzugte Nektarquellen. Arten wie etwa *Echinops* (Kugeldistel), *Eryngium* (Alpendistel) oder auch *Car-*

Linke Seite
„Siedlerbund": Solche Holzbündelchen sind u.a. für Wildbienen gedacht.

3.1:
Ohrwürmer verkriechen sich am Tag in solchen Verstecken. In der Nacht gehen sie dann auf Beutefang. Mit Holzwolle oder Nylongewebe gefüllte Blumentöpfe werden gerne von diesen Blattlausjägern angenommen.

3.2:
Schön sind die Plastikröhren nicht, aber wasserdicht und stoßfest; in den hohlen Hölzchen siedeln sich gerne Wildbienen an.

3.3:
Hummelkästen gibt es mit Brut zu kaufen. Diese Hummelhöhle lässt sich sehr einfach einrichten, ein Blumentopf wird lediglich im Boden versenkt.

3.4:
Gut Holz! Ein solcher aufgebohrter Block nimmt jede Menge Eier auf, aus denen sich Larven und – wieder – Wildbienen entwickeln.

3.5:
Auch Niststeine kann man kaufen; ebenso gut sind einfache Ziegelsteine mit Hohlkammern.

3.6
Wespennest – Kunst am Bau.

3.7
Starenpärchen suchen immer wieder denselben Nistkasten auf, sobald sie im April aus Afrika zurückkehren.

lina (Silberdistel) und *Dipsacus* (Wilde Karde) werden mit ziemlicher Sicherheit von Hummeln angeflogen. Eine besondere Anziehungskraft wirken auch Mohngewächse und die Echinacea aus. Hummeln brauchen Futterpflanzen (siehe Seite 44 ff.), ein Hummelbau passt am besten neben eine Blumenwiese. Natürlich darf auch der Abstand zum Gemüsegarten nicht zu groß sein. Immerhin sollen die dicken Brummer keine langen Strecken zu den Tomaten und anderen Gemüsen fliegen müssen. Sonst dienen die Hummeln kaum zur Bestäubung.

Besonders prächtige Flieger, wie z.B. Libellen, die Stechmücken und andere Insekten fangen, kommen oft von selbst in den Garten, wenn sie eine Wasserstelle vorfinden.
Viele Vogelarten haben sich an Menschen gewöhnt, weil sie in den Siedlungen vor Feinden sicher sind und reichlich Nahrung finden. Einige Arten brüten deshalb auch im Schutz der Häuser. Wir profitieren davon, denn die Vögel sind nicht nur wertvolle Schädlingsvernichter, sondern auch gute Unterhalter. Es ist unglaublich, dass es Menschen gibt, die zum Spaß auf Vögel schießen

oder ihre Nester ausräumen! Sie wissen nicht, was sie anrichten, denn sie bereiten durch die Vernichtung dieser Nützlinge vielen Schädlingen den Weg. Schon seit langer Zeit werden deshalb auch Brutplätze für Störche, Stare oder Schwalben geschaffen, weil sie Mäuse, Schnecken und Insekten vertilgen. Selbst die Spatzen sind nützlich. Sie füttern ihre Brut mit Blattläusen. Tierfreunde akzeptieren, dass die Vögel manchmal auch Schäden verursachen. Viele sind aber auf Bau- und Kulturfehler zurückzuführen. So fallen Stare oft nur deshalb über Kirschen her, weil kein Teich in der Nähe ist, an dem sie ihren Durst stillen könnten. Natürlich sind sie keine Kostverächter, doch die Ernte lässt sich leicht mit Netzen schützen.

Durch ein gezieltes Nistplatzangebot lässt sich die Ansiedlung bestimmter Vögel etwas steuern, denn die Vögel leben in festgelegten Revieren. In einem durchschnittlich großen Hausgarten hält sich in der Regel nur ein einziges Amselpaar auf – selbstverständlich grenzüberschreitend. Jedenfalls achtet es darauf, dass sich in nächster Nähe keine Nahrungskonkurrenz ansiedelt. Aus diesem Grund nützt es nichts, beliebig viele Nistplätze für alle möglichen Arten anzubieten, da nur wenige Pärchen in Frieden nebeneinander leben. Die Menge an Kästen und Bruthöhlen ist unter anderem von der Größe des Gartens abhängig und sollte mit der Zeit seiner Größe angepasst werden. Am besten beginnen Sie mit der Ansiedlung „einfacher" Arten, mit Nistkästen für Meisen, Stare oder Amseln. Amseln begnügen sich meist schon mit einer dichten Hecke. Manchmal brüten diese „Hausvögel" sogar in einem Balkonkasten, das heißt, diese Vögel brauchen normalerweise keine Fürsorge (Abb. 1.26, Seite 16).

Ohne Grundkenntnisse ist die gezielte Ansiedlung der kleinen tierischen Helfer im Garten wenig aussichtsreich und damit auch der Bau von Nisthilfen und Ruheplätzen nicht zielführend. Eine Igelhöhle gehört natürlich nicht neben eine Straße. Sie muss in einer abgeschiedenen Ecke angelegt werden. Auch müssen z.B. die Einschlupflöcher der Vogelnistkästen richtig bemessen sein und zwar so, dass die geförderten Flieger gerade durchpassen, aber andere unerwünschte Tiere draußen bleiben. Die Ausrichtung des Einschlupfloches nicht zur Wetterseite nach Westen, sondern nach Osten, hat den Vorteil, dass die Kästen innen nicht nass werden. Wichtig sind auch ausreichende Abstände zwischen den Nisthilfen und Ruheplätzen, damit es nicht unnötig Revierkämpfe gibt. Keinesfalls dürfen giftige Holzschutzmittel zum Einsatz kommen. Besonders brütende Vögel brauchen naheliegende Wasserstellen und zwar solche, die gut einsehbar und „katzenfrei" sind.

Nistkästen für Vögel

Beim Kauf oder beim Bau eines Nistkastens ist es wichtig, die Größe und die Form zu beachten. Jede Vogelart bevorzugt einen anderen Typ, wobei Sperlinge am wenigsten wähle-

3.8 und 3.9:
Hier haben sich Hornissen in einem Vogelkasten einquartiert. Das Kunstwerk kann im Herbst ausgeräumt werden, zumal Hornissen nur ein Jahr leben. Einzig die Königin überwintert und bebrütet im nächsten Jahr ein neues Nest an anderer Stelle.

3.10:
Klappen am Nistkasten zum Öffnen sind nötig, damit die alten Nester ausgeräumt werden können. Während der Brutzeit sollte das Öffnen selbstverständlich unterbleiben.

risch sind. Sie brüten manchmal sogar in der Dachrinne. Höhlenbrüter wie Meisen, Stare und Spechte bevorzugen geschlossene Kästen als Brutplätze. Für diese Arten hängen Sie am besten Holz- oder Holzbetonkästen mit einem angemessenen Schlupfloch auf. Andere, wie z.B. Rotkehlchen, Gartenrotschwänze oder Grauschnäpper brüten lieber in Halbhöhlen. Sie brauchen halboffene Kästen. Amseln, Finken oder Gimpel bauen ihre Nester in dichte Bäume und Sträucher. Ihnen können Sie durch die Pflanzung dichter Hecken helfen oder kleiner Kronenbäume, wie den Kugelahorn. Schwalben kleben Lehmnester unter das Dach. Stützbrettchen, die an geeignete Wände gedübelt werden, nehmen sie gerne an. Wer bestimmte Vögel ansiedeln möchte, sollte diese Unterschiede beachten. (Informationen geben gerne auch der Bund für Naturschutz (BUND) oder der Vogelschutzbund). Beim Bau oder Kauf eines Nistkastens muss auch das Einschlupfloch auf die gewünschte Vogelart zugeschnitten sein (siehe Tabelle 3, unten). Dadurch lässt sich verhindern, dass Räuber in Singvögelkästen eindringen oder dass beispielsweise Spatzen den kleineren Meisen den Platz streitig machen. Bei Meisenhöhlen sollte das Einschlupfloch einen Durchmesser von 32 mm haben.

Tabelle 3
Die Größe der Nistkästen ist je nach Vogelart unterschiedlich.

Maße für Vogelnistkästen

Vogelart	Befestigung (Höhe m)	Flugloch Durchmesser	Maß (innen) cm	Brutbeginn Monat
Blaumeise	1,5 - 4	26-28 mm	14 x 14 x 25	April
Haussperling	1,5 - 3,5	32-34 mm	14 x 14 x 25	April
Kleiber	1,5 - 3,5	32-47 mm	14 x 14 x 25	April
Kohlmeise	1,5 - 4	32-34 mm	14 x 14 x 25	April
Rauchschwalbe	2 - 4	Stützbrett	12 x 12	Mai
Rotschwanz	1,5 - 3,5	50 mm	14 x 14 x 25	Mai
Star	3 - 10	45-50 mm	16 x 16 x 32	April

Geschützt anbringen

Jede Nisthilfe muss so angebracht werden, dass die Vögel ihre Brut ungestört aufziehen können. Dabei sollte das Einschlupfloch, wie oben erwähnt, von der Wetterseite abgewandt sein und nach Osten oder Süden weisen. Außerdem muss der Nistplatz vor Katzen geschützt sein. Der Zugang lässt sich mit einem dornenbewehrten Drahtring sichern. Andererseits sollte der Kasten aber sichtbar angebracht werden, so dass es möglich ist, die Tiere zu beobachten. Viele Vogelarten tolerieren Zuschauer, wenn sie sich langsam daran gewöhnen können. Während der Brutzeit darf ihnen aber niemand zu nahe treten. Stare nisten ausschließlich an erhöhten Stellen, damit sie die Umgebung gut im Blick haben. Sie siedeln sich nur an, wenn sie einen Nistplatz auf einer hohen Stange oder in einem Baumgipfel haben können.

Bewegliche Klappen

Obwohl z.B. Stare ihre Behausung selbst sauber halten und das alte Nest im Frühjahr nach der Rückkehr aus dem Süden Stück für Stück durch das Schlupfloch räumen, sollten Nistkästen zu öffnen sein. Manche Vögel nehmen nur saubere Kästen an. Vor der Brutzeit oder besser noch nach der Saison, im Herbst, sollten die alten Nester entfernt und die Bruträume gereinigt werden. Sonst nisten sich leicht Milben, Wespen oder Hornissen ein. Immerhin nutzen Spatzen, Meisen und andere Standvögel die leeren Kästen gerne als Nachtquartiere. Zum Öffnen kann ein bewegliches Dach dienen, das an Scharnieren befestigt ist oder auch eine abnehmbare oder aufklappbare Frontseite, die mit einem Haken verriegelt wird. Ein sicherer Verschluss ist jedenfalls wichtig. Sonst haben auch Marder oder andere Räuber Zugang und Zugriff auf die Brut.

Montage

Nistkästen werden so befestigt, dass sie zwar für die Bewohner leicht zu erreichen, aber für Feinde und Störenfriede unzugänglich sind. Am besten sitzen oder hängen sie hoch genug an Wänden oder Bäumen und zwar im Regenschatten, abgewandt von der Wetterseite. Die Befestigung ist an Gebäudewänden mit Schrauben oder auch mittels Haken und festem, verzinktem oder kunststoffummanteltem Draht bzw. mit strammen Stricken möglich. Obwohl die federleichten Vögel keine Belastung darstellen, müssen die Kästen sicher verankert sein. Immerhin können sonst Stürme durchaus gefährlich werden. Beim Aufhängen in Baumkronen ist ein fester Halt noch wichtiger, denn die Äste bewegen sich im Wind mitunter stark. Das Schaukeln stört die Vögel aber kaum. Immerhin müssen sie es auch in natürlichen Höhlen oder Baumnestern dulden. Dennoch gehören die Kästen nicht an exponierte Stellen, sondern an sichere Plätze in Stammnähe oder an dicke Ästen. Dabei darf das Gehölz natürlich nicht beschädigt werden. Einschnürungen durch zu stramm sitzende Stricke oder durch Drähte sind jedenfalls zu vermeiden. Gegen Scheuerwunden und Rindenabschürfungen helfen Gartenschlauchstücke, mit denen die Drähte oder Schnüre ummantelt werden. Achten Sie beim Befestigen der Nistkästen darauf, dass sie einen allzeit günstigen Platz erhalten und dauerhaft montiert sind. Schließlich sollen die Kästen langfristig als Brutplätze dienen. Wenn die Vögel gestört werden, verlassen sie eventuell ihre Nester. Bedenken Sie also, was im Laufe des Jahres in der Umgebung geschieht. Während etwa im Spätwinter beim Anbringen der Kästen Ruhe im Garten herrscht, kann zur Brutzeit im Sommer reges Treiben sein. Keinesfalls gehören Nistkästen neben Spielplätze oder an Aufenthaltsorte im Grünen. Und natürlich dürfen insbesondere Jungvögel keiner Gefahr durch Autos ausgesetzt sein. Neben einer Straße kann der erste Ausflug zum lebensbedrohlichen Abenteuer werden. Die Höhe der Befestigung richtet sich wieder nach der Vogelart. Während etwa Amseln oder Spatzen vorzugsweise in Bodennähe brüten, nehmen Stare nur überragende Nitzplätze an. Ideal ist die Montage von Starenkästen an hohen Gebäuden oder auch mittels Stangen an Gartenschuppen oder hohen Baumstämmen. Die Stangen müssen natürlich stabil genug und sicher sein. Die Befestigung der Hochsitze an Baumstämmen muss ohne Beschädigung der Wirtspflanzen geschehen. Auch hier dürfen Stricke oder Drähte keinesfalls den Stamm einschnüren. Zum Festnageln haben sich Aluminium-Nägel besser bewährt als etwa verzinkte Stahlnägel. Sie bewirken keine Schäden am Holz der Bäume. Ungeeignet sind Kupfernägel oder Messingschrauben. Sie reagieren mit dem Pflanzensaft und geben schädliche Metalloxide ab.

3.11:
Wenn die Altvögel sterben, bedeutet das auch den Tod der jungen Vögel. Sie müssen mit dem Nest entnommen werden.

Materialien für Vogelnistkästen

Im Handel sind neben Holzbetonkästen, die es für alle möglichen Arten gibt, gelegentlich auch Holzkästen in verschiedenen Varianten zu bekommen. Manche Hersteller und Baumärkte bieten solche Kästen schon für 10 Euro an. Da lohnt sich der Eigenbau eigentlich nicht, zumal die Serienprodukte gut genug und die Vögel wenig wählerisch hinsichtlich der Ausführung sind. Wichtig ist, je nach Art, jeweils eine ausreichende Größe und ein passendes Schlupfloch. Dennoch sollen diese Vogelhäuschen von der Stange nicht von eigenen Anfertigungen abhalten. Immerhin macht das Basteln auch Freude – besonders, wenn die Eigenkonstruktionen von den gefiederten Gästen angenommen werden.

Nistkästen aus Holz

Holz ist nach wie vor ein idealer Baustoff für Nistkästen, denn das Material kommt den Nisthöhlen in Bäumen am nächsten. Wenn die Vögel wählen können, bevorzugen sie oft sogar die aus Holz gefertigen Nistkästen vor den Baumhöhlen, wenn diese passend zugeschnitten und günstig platziert sind. Holz kostet wenig, lässt sich recht leicht ohne besondere Werkzeuge bearbeiten, erfordert keine ungewöhnlichen Kenntnisse und ist dennoch stabil und haltbar. Vorzugsweise kommen unbehandelte Bretter zum Einsatz. Auch Tischlerplatten oder wetterfeste Leimhölzer sind geeignet. Kästen aus Holz müssen allerdings vor Nässe geschützt werden, z.B. indem sie oben mit Dachpappe abgedeckt werden. Keinesfalls dürfen die Kästen innen mit Farbe ausgestrichen werden. Am besten wirkt sich ein konstruktiver Holzschutz auf die Haltbarkeit aus. So sollte insbesondere das Dach schräg aufgesetzt sein. Bewährt haben sich Satteldächer. Einfacher zu konstruieren sind Kästen mit Pultdächern. An geschützten Plätzen, etwa im Regenschatten eines Balkons, ist natürlich kein besonderer Wetterschutz nötig.

3.12:
Nisthilfen können aus verschiedenen Materialien gebaut werden. Nach wie vor ist aber Holz ein idealer Baustoff dafür.

Von Natur aus schlüpfen Vögel in jede Kiste, die ein passendes Loch hat. Dennoch sollten die Nistkästen schon „mit Maß und Ziel" geformt sein. Außer dem zugeschnittenen Einschlupfloch sollte der Innenraum angemessen groß sein. Große Singvögel wie etwa Stare brauchen mehr Platz als z.B. Blaumeisen. Was der jeweiligen Art am besten passt, zeigt sich, wenn die Vögel die Wahl zwischen verschiedenen Nistkästen haben. Meisen etwa untersuchen jeden Kasten genau und quartieren sich erst ein, wenn sie den Innenraum und die Umgebung genau geprüft haben. Stare nehmen jedes Jahr den selben Kasten ein, nachdem sie das alte Nest vom Vorjahr ausgeräumt haben. Spatzen bebrüten gerne verlassene Nistkästen oder machen anderen Vögeln die Behausung streitig. Als wenig wählerisch haben sich auch Amseln gezeigt. Sie bauen ihr Nest sogar in Blumenkästen oder am Boden unter Hecken.

Nistkästen aus Ton

Der „gute Ton" gehört auch im Garten dazu. Gebrannte Erde kann sowohl als Quartier für Pflanzen, als auch für Vögel dienen. Tontöpfe lassen sich ganz einfach umfunktionieren. Mit einer Lochsäge, die es als Vorsatzgerät für die Bohrmaschine gibt, ist im Nu eine kreisrunde Öffnung machbar. Je nach Vogelart und Einschlupfloch wird dazu der passende Bohrkranz eingesetzt. Als Dach dient ein großer, umgedrehter Untersetzer, der auch das Einschlupf-

3.13:
Im Apfelbaum hängt der Meisenkasten genau richtig; hier helfen die Vögel beim Pflanzenschutz mit.

3.14:
My home ist my castle – Stare brauchen einen Hochsitz.

3.15:
Der Ton macht die Musik; mit etwas Glück trällert ein Singvogel auch aus einem umgebauten Terracotta-Topf.

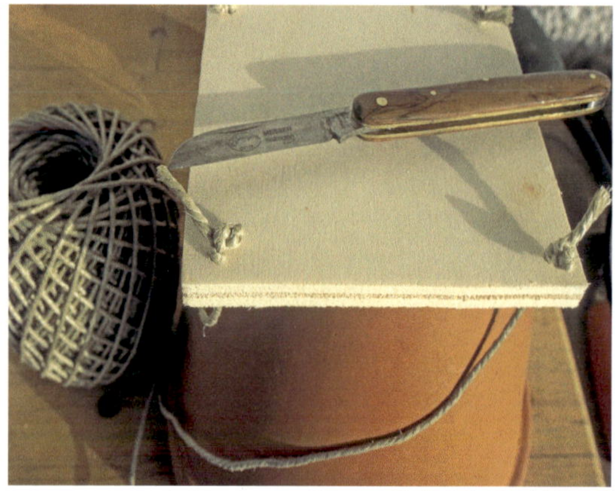

loch vor Regen schützt. Ebenso möglich ist die Abdeckung mit einem Brett oder einer passenden Sperrholzplatte oder aber mit einem zweiten größeren Tontopf, der aufgestülpt wird. Das Verbinden geschieht mit Pressschnüren, die unten durch das schon vorhandene Wasserabzugsloch in den Topfboden geführt und zu einem dicken Knoten verknüpft werden. Oben werden die verteilten Schnüre ebenfalls verknotet und zwar so, dass sie den Deckel fest auf den Topf drücken. An den Schnüren lässt sich die fertige Nisthöh-

3.16:
Für etwa 3 € ist das Material für eine Tonhöhle zu bekommen; die Lochsäge gehört ohnehin zur Geräteausstattung eines Heimwerkers. Der Bohrkopf für den Ausschnitt kostet etwa 8 €.

3.17:
Der Topf wird zwischen zwei Brettchen gesetzt. Boden und Deckel geben eine zusätzliche Festigkeit und schützen vor Bruch.

3.18:
Gut eingefädelt! Durch Bohrungen in den Brettchen lassen sich die Schnüre ziehen.

3.19:
Nachdem der Schraubhaken eingedübelt und die Nisthöhle an einer geschützten Ecke aufgehängt ist, kommen Besucher. Natürlich sind nur im Frühjahr, wenn die Brutzeit beginnt, Vogelpärchen zu erwarten. Hier hat sich ein Blaumeisenpaar eingenistet.

le sogleich in einen Baum hängen und ist sofort bezugsfertig. Statt die Schnüre durch den Topfboden zu führen, können sie auch an einem Bodenbrettchen befestigt werden. Natürlich sind auch Variationen möglich. Ebenso lassen sich verschieden große Nisthöhlen schaffen, indem andere Topfgrößen gewählt werden. Die zerbrechlichen Tontöpfe bedürfen einer vorsichtigen Behandlung und einer guten Befestigung. Allerdings sind sie stabil genug und vor allem auch wetterfest.

3.20:
Für Vogelhäuser gibt es keine Bauvorschriften. Dennoch müssen sie natürlich sicher, dicht und ausreichend haltbar sein. Diese „Lehmhütte“ aus einem Tontopf und einem Untersetzer wurde mit Schnüren verzurrt. Jede Nisthöhle wird von den Interessenten genau inspiziert. Diese hier ist neben einer Einfahrt ungünstig plaziert und hat sich als zu klein erwiesen. Also besser etwas größer bauen.

Nistkästen aus Holzbeton

Holzbeton ist ein Gemisch aus etwa 80% Holzspänen und 20% Beton (aus feinem Kies, Zement und Wasser). Das frische Material ist eine zähe, formbare Masse, die sich in vorgefertigte Formen gießen lässt. Nach etwa 48 Stunden härtet das Material aus und ist dann äußerst fest und wetterbeständig.
Zur Herstellung sind passende Schalungen nötig, die sich beispielsweise aus Holz oder Kunststoffkübeln basteln lassen. Die Schalungen sollten so konstruiert sein, dass sie nach dem Aushärten abgenommen und wiederverwendet werden können. Allerdings lohnt sich die Anfertigung solcher Formen nur, wenn in Serie produziert wird. Immerhin lässt sich statt einer Form ebenso gut ein kompletter Holzkasten oder eine Bruthöhle aus Tontöpfen basteln.

Nistkästen aus Kunststoff

Wie Tontöpfe lassen sich auch Kunststoffgefäße zu Nisthöhlen umfunktionieren. Allerdings sind diese Behälter nicht luftdurchlässig, was sich ungünstig auf das Klima im Nistraum auswirkt. Versuche haben gezeigt, dass Vögel lieber andere Brutstätten aufsuchen, wie etwa Holzkästen.

3.21:
Diese Halbhöhle für Hausrotschwanz, Bachstelze, Grauschnäpper, Rotkehlchen oder Zaunkönig ist frei schwebend an einer Pergola befestigt.

3.22:
Vor Übergriffen durch Katzen oder Marder schützen solche Drahtspiralen recht zuverlässig. Die Vögel stört der Vorbau nicht.

Bauanleitung: Einfacher Meisenkasten aus Abfallbrettern

Es ist ein kleines Erlebnis, zu beobachten, wie sich ein Meisenpärchen zusammenfindet und eine Familie gründet. Sie brauchen den Vögeln nur zur rechten Zeit einen Nistplatz anbieten. Nachfolgend wird der Bau eines einfachen Meisenkastens beschrieben.

Einzelteile und Maße (Holzstärke ca. 1,5 cm):
Höhe: 23 bis 26 cm
Breite: 16 cm
Tiefe (Länge): 14 cm
Einschlupfloch: 32 mm

Nistkästen dürfen nicht mit giftigen Mitteln imprägniert werden, das Holz bleibt am besten naturbelassen. Nach der Brutzeit müssen die verlassenen Kästen gereinigt werden, damit sich keine Milben und andere Schädlinge ansiedeln können. Die Reinigung ist auch im Frühjahr nötig, da die Kästen im Winter oft als Schlafplätze aufgesucht werden.

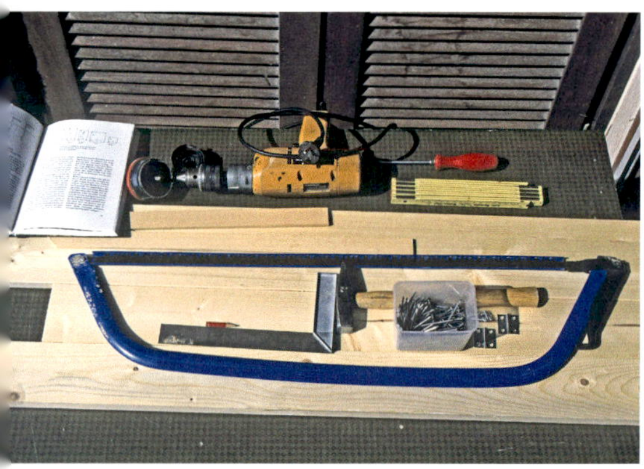

3.23: Meisennistkasten mit beweglichem Dach.

3.24: Zum Bau eines einfachen Nistkastens sind nur ein paar Bretter und gewöhnliches Werkzeug nötig:

3.25: Zunächst werden die Maße auf das Holz übertragen.

3.26: Dann können die Bretter passend zugeschnitten werden.

3.27: So passen die Holzteile zusammen.

3.28: Eine Lochsäge erleichert das Ausschneiden des Schlupflochs

3.29: Der Zugang wird mit Schleifpapier gerundet und geglättet.

3.30: Schmale Brettchen lassen sich mit einer Leiste verbinden (ist bei breiten Brettern nicht nötig): zum Zusammenbauen werden verzinkte Nägel oder Schrauben verwendet.

3.31: Scharniere machen den Deckel beweglich (wichtig zum Reinigen des Kastens).

3.32: Um die Nisthilfe aufhängen zu können, wird ein Loch in die Rückwand des Kastens gebohrt.

3.33: Der Deckel wird zur Sicherung gegen Wind und Räuber mit einer Schraube fixiert.

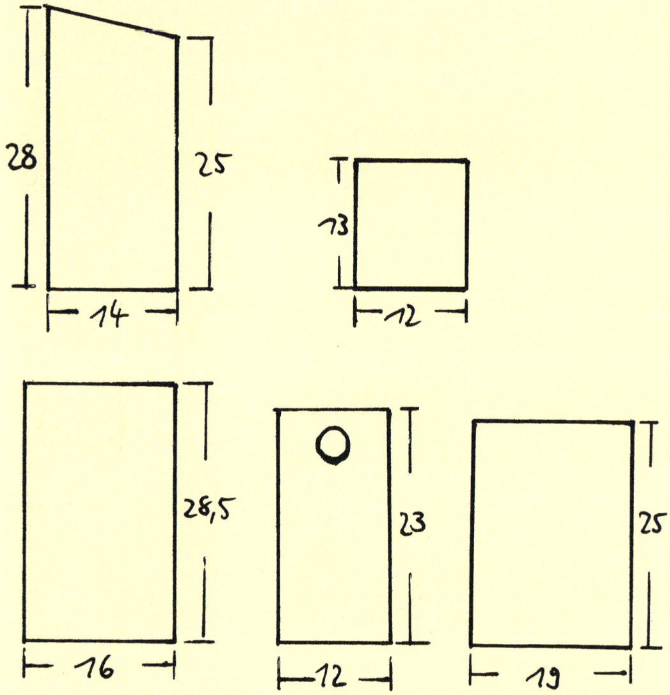

3.34:
Schon bald kommen interessierte Mieter, die nachsehen, ob das neue Haus passt. Die Sitzstange erleichtert den Anflug (wurde nachträglich montiert).

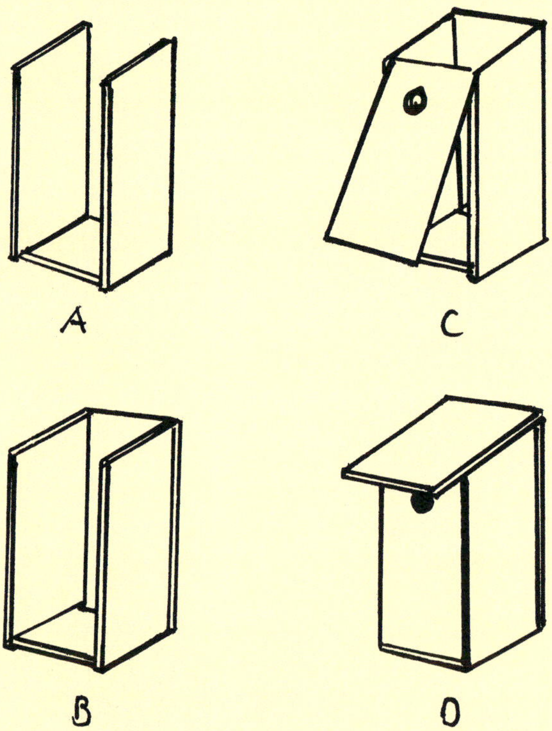

Die Zeichnung zeigt die Teile für eine andere Bauart des Nistkastens, nämlich mit beweglicher Vorderseite.

Die Maße (Einschlupfloch, Höhe, Breite, Tiefe) entsprechen denen des Kastens mit beweglichem Dach.

Zunächst werden die beiden Seitenwände an der Bodenplatte befestigt (A). Dann wird die Rückseite montiert (B). Die Vorderseite bleibt mittels zweier Nägel beweglich, die beidseitig eingeschlagen werden (C). Das Dachbrett macht den Kasten dicht (D).

Greifvogelhorste

Anders als Kleinvögel, die in jedem Garten ein ausreichendes Revier finden, brauchen Greifvögel wie Eulen ein umfangreiches Areal. Immerhin leben sie ja nicht von Insekten, sondern von Mäusen und anderen Nagetieren. Es lohnt sich also kaum, etwa Eulenkästen in gewöhnlichen Hausgärten einzurichten, es sein denn hinsichtlich grenzüberschreitender Ausflugmöglichkeiten und umliegender Nahrungsreviere etwa in ländlichen Regionen oder an Waldrändern. Nisthöhlen für diese nachtaktiven Flieger müssen groß genug und in ausreichender Höhe angebracht sein (Größe z.B. für Waldkauze: Höhe 50 cm, Breite 30 cm, Tiefe 45 cm, Flugloch 12 cm Durchmesser, Befestigung in 4 bis 10 m Höhe).

3.35: Die recht großen Eulen nehmen nur einen geräumigen Kasten mit ausreichendem Schlupfloch an. Natürlich müssen auch die Höhe und die Umgebung passen.

3.36: Fledermäuse siedeln sich nur im Garten an, wenn sie außer geeigneten Quartieren auch genügend Futter, etwa an einer großen Wasserstelle, und ausreichend Flugräume vorfinden. (Bild: Halbrindley / zoonar.de)

Fledermauskasten

Fledermäuse, diese in Schauermärchen als Vampire bezeichneten Tiere, sind völlig harmlos und fangen abends fleißig Insekten. Dazu brauchen sie allerdings ein ausreichend großes Revier und eine freie Flugbahn. Gerade diese Voraussetzungen finden Fledermäuse immer weniger vor, weshalb einige Arten vom Aussterben bedroht sind. Es ist also wichtig, ihnen neue Quartiere anzubieten. Jedoch ist Geduld erforderlich – Fledermäuse sind sehr standorttreu – und die Bedingungen für einen artgerechten Lebensraum müssen gegeben sein.

Der Lebenszyklus dieser Säugetiere ist eng verbunden mit ihren Wohnstätten. Im Winter bevorzugen sie Baumhöhlen oder Vogelnistkästen, aber auch Felsenkeller und Höhlen. Während der Fortpflanzungszeit bilden die einheimischen Fledermäuse sogenannte Wochenstuben. Diese besonderen Tagesquartiere befinden sich vorwiegend in großräumigen Dachböden. In den

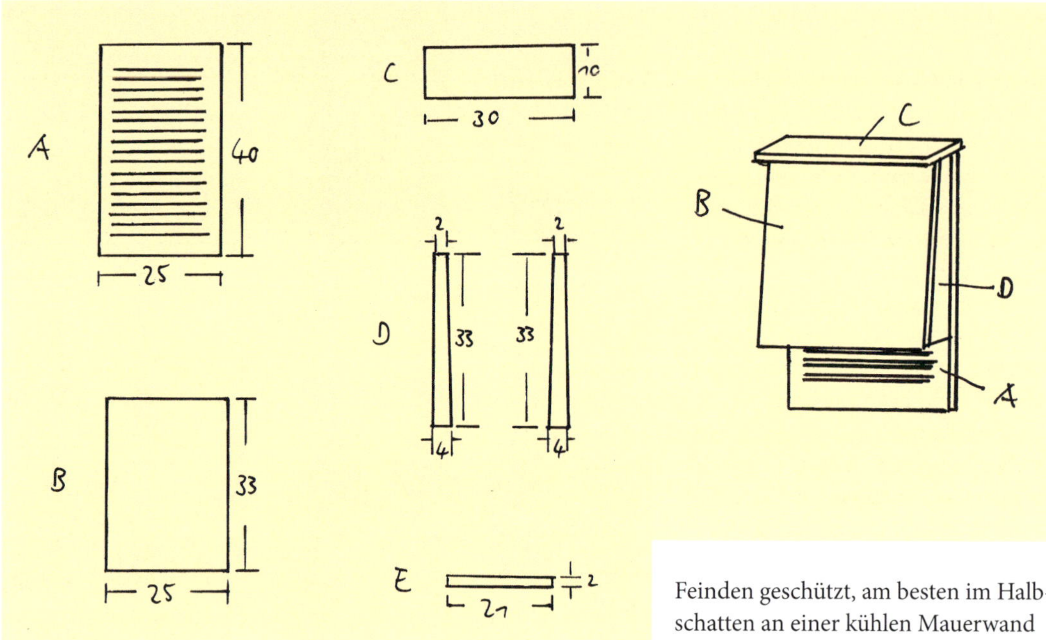

Der Fledermaus-Kasten: Als Basis für den Kasten dient ein geriffeltes Brett. Die Nuten zum Festklammern werden mit der Kreissäge oder einer Oberfräse ins Holz geschnitten. Alternativ können auch schmale Holzleisten auf ein Brett genagelt werden. Auf diesem Grundbrett, der Rückseite des Kastens, werden die Seitenwände befestigt und auf diesen wiederum die Frontplatte. Das Dachbrettchen sollte schräg montiert werden, damit Regenwasser abfließen kann.

Sommermonaten suchen viele Arten Schutz vor heißer Sonne in Schatten spendenden Tagesquartieren. Abendsegler, Großes Mausohr und Braunes Langohr verkriechen sich in Mauerspalten oder hinter Fensterläden oder Verschlägen. Speziell gefertigte Fledermausquartiere, die sich aus Holz anfertigen lassen (siehe unten), können dazu beitragen, dass sich Fledermäuse ansiedeln. Die Behausung sollte, vor Feinden geschützt, am besten im Halbschatten an einer kühlen Mauerwand (in mindestens 5 m Höhe) platziert werden. Wichtig ist auch, ein möglichst ruhiges Plätzchen zu wählen, an dem auch nachts keine Irritationen z.B. durch Straßenlaternen auftreten. Außerdem ist eine Wasserstelle in der Nähe notwendig, denn nur sie garantiert die nötige Vielzahl an Insekten, die Fledermäusen als Nahrung dienen. Fledermäuse schwärmen nachts zur Futtersuche aus, sie fangen im Flug Falter und andere Insekten.

3.37:
Der Fledermauskasten ist unten offen; er braucht nicht gereinigt werden. Die kleinen Säuger könenn sich an der geriffelten Holzeinlage festhalten.

Einzelteile und Maße
(Brettstärke 20 mm):

A Rückwand 400 x 250 mm
B Vorderwand 330 x 250 mm
C Dach 300 x 100 mm
D Seitenwände 40 x 20 x 330 mm
E Leiste 210 x 20 mm

Als Basis für den Kasten dient ein geriffeltes Brett. Die Nuten zum Festklammern werden mit der Kreissäge oder einer Oberfräse in das Holz geschnitten. Ebenso gut ist aber auch ein Brett mit aufgenagelten Holzleisten. Auf diesem Grundbrett werden die Seitenwände befestigt. Darauf wird die Frontplatte angebracht. Das Dachbrettchen sollte schräg montiert werden, damit Regenwasser ablaufen kann.

Igelburg

Wer Igel im Garten hat, weiß diese Stacheltiere zu schätzen. Sie helfen mit, Schnecken zu vernichten. Natürlich dürfen sie dabei nicht durch giftige Schneckenköder beeinträchtigt werden. Leider bleiben viele dieser Nützlinge bei ihren nächtlichen Exkursionen auf der Strecke, zumal sie sich einrollen, wenn sie Gefahr wittern. An stark befahrenen Straßen sollten deshalb keine Igel angesiedelt werden. Wenn sie dennoch von selbst kommen, empfiehlt es sich, Barrieren zu schaffen oder die Tiere in abgelegene Gartenbereiche zu lenken. Das gelingt natürlich nicht leicht. Immerhin folgen die Tiere ihrem Instinkt und wandern weiter, wenn sie kein Futter mehr finden oder wenn keine Unterschlupfmöglichkeiten vorhanden sind. Laubhaufen, Totholzhaufen und andere lockere Schüttungen bieten sich bestens als Ruheplätze an. Besonders für den Winterschlaf brauchen Igel sichere und frostfreie Quartiere. Anderenfalls überleben sie strenge Frostperioden nicht. Natürlich darf es ihnen nicht an Futter mangeln. Wie überall im Garten gilt: Ohne „Schädlinge" gibt es auch keine „Nützlinge".

3.38: Der kleine Igel übersteht den Winter sicher nicht ohne Hilfe; er bekommt ein Übergangsquartier und reichlich Futter. Zudem wird er von Schädlingen befreit. Sobald er genügend Fettreserven angefuttert hat, darf er in den Garten.

3.39: Ein üppiger Laubhaufen stört in Randzonen nicht und gibt dem Igel Schutz vor Winterkälte und Nässe.

3.40: Gekaufte Igelhöhle als Überwinterungshilfe.

3.41: Eine aus alten Ziegelsteinen und Totholz gebaute Igelhöhle als Angebot für einen geruhsamen Winterschlaf.

3.42: Ein Totholzhaufen kann Leben retten. Unter dem Geäst verbergen sich gern Igel oder andere Tiere.

Quartiere für Wildbienen, Florfliegen und andere Insekten

3.43:
Nisthölzchen mit Brut. Ein gutes Zeichen dafür, dass die Nisthölzchen bebrütet wurden, sind die deutlichen Wachsverschlüsse. Die Öffnungen der Niströhren sollten nach Süden gerichtet werden. Förderlich wirkt sich auch ein entsprechendes Biotopumfeld aus, d.h. wenn möglich, engste Nachbarschaft zu einer Blumenwiese, einem Naturstein- oder Holzhaufen. Als Nistreiser eignen sich Röhricht, Bambus, Holunder, Deutzie, Himbeere, Brombeere und die Abschnitte anderer Sträucher mit hohlen Zweigen. Der Zierstrauchschnitt im März liefert das Material. Die Mindestlänge beträgt 20 cm. Die Reiserbündel werden mit Rinde, Blech, Kunststoffrohren oder einem ähnlichen Material ummantelt.

Es scheint widersprüchlich, einerseits Vögel anzusiedeln, damit sie Insekten vertilgen und dann andererseits für Insekten Nistplätze zu schaffen. Es hat sich jedoch gezeigt, dass die Vögel vorzugsweise ausgewählte Insekten wie etwa Blattläuse und Schmetterlingsraupen verzehren. Bienen, Hummeln oder Schwebfliegen und deren Brut greifen sie normalerweise nicht an – es sei denn bestimmte Arten, wie z.B. Bienenfresser, die auch Honigbienen nicht verschmähen. Diese sind aber ohnehin in Südeuropa und Afrika heimisch und siedeln nicht im Garten. Dennoch sind natürlich auch die „lieben" Meisen echte Raubvögel. Immerhin verzehren sie unzählige Larven und Läuse.
Der Sinn und Nutzen der Nisthilfen im Garten ist deshalb auch durchaus widersprüchlich. Eine Garantie, etwa durch die Ansiedlung eines Meisenpaares einer Blattlauskolonie in einem Apfelbaum Herr zu werden, gibt es ohnehin nicht. Im Garten ist ein gezielter Einsatz von Nützlingen gegen bestimmte Schädlinge immer ein Experiment. Es wirken sich zu viele Einflüsse aus, wie das Wetter, andere Tiere oder der Eigensinn der Nützlinge auf diese Art der natürlichen „Schädlingsbekämpfung". Dennoch macht es Sinn, Nisthilfen zu schaffen. Immerhin lassen sich damit durchaus bestimmte Tiere wie Singvögel, Eidechsen oder Igel sowie Wildbienen, Hummeln oder Schwebfliegen in den Garten locken. Vor allem aber tragen Nisthilfen zur Verbesserung des gesamten Gartenbiotops bei. Eine gezielte Auswahl bleibt jede(r)m Garten- und Naturfreund(in) selbst überlassen. Weder werden sich Zimmervogelzüchter Katzen ins Haus holen, noch sich südländische Imker um die Ansiedlung von Bienenfressern bemühen. Keine Bedenken gibt es normalerweise aber gegen Marienkäfer, Wildbienen, Hummeln, Schwebfliegen, Florfliegen und andere nützliche Insekten, deren Vermehrung mit Hilfe einfacher Behausungen möglich ist.
Ebenso wenig wie Vögel die Hilfe des

3.44:
In einer Blechdose sind die Nisthölzchen gut untergebracht. Ein Gartenschlauchstück schützt den Hausbaum der Hautflügler vor Einschnürungen.

Menschen dringend brauchen, aber durchaus gerne annehmen, sind auch Insekten nicht unbedingt auf Unterstützung angewiesen, aber damit doch zu gewinnen. Die Ansiedlung von Nützlingen ist natürlich nicht uneigennützig, sondern geschieht stets auch zugunsten der Tierfreunde, sei es durch die Freude an ihrem Gesang, durch die Mithilfe beim Pflanzenschutz oder aber durch die Bestäubung der Blüten und damit die Hoffnung auf Verbesserung der Erträge. Zu Letzterem tragen Insekten und zwar verschiedene Hautflügler wie Bienen, Hummeln und Schwebfliegen ganz wesentlich bei. Ohne diese Nektarsammler gäbe es praktisch kein Kernobst oder nur von wenigen selbstfruchtenden Arten. Um so mehr lohnt sich die Ansiedlung dieser Hautflügler im Garten, zumal die Tierchen – anders als etwa Wespen oder Hornissen – kaum eine Gefahr darstellen. Stiche durch Wildbienen oder Hummeln sind selten und wirklich Unglücksfälle etwa beim Tritt mit nackten Füßen auf eine Klee sammelnde Hummel im Rasen. Im Wesentlichen übernehmen die Honigbienen die Bestäubung der Blüten. Deren Ansiedlung und Verbreitung ist wiederum die Sache der Imker. Wildbienen dagegen brauchen keine besondere Pflege. Sie fliegen frei umher und lassen sich auch im Garten nieder, wenn sie Nektarquellen finden. Gelegentlich nehmen sie sogar Nisthilfen an. Am einfachsten sind Nisthilfen in Form von Bündeln mit hohlen, holzigen Halmen, z.B. vom Gartenbambus oder Schilfrohr, die im Garten verteilt werden. Ebenso können leere Blechdosen oder Kunststoffrohre mit solchen Nisthölzchen gefüllt werden (Abb. 3.44, Seite 64). Es dauert zwar einige Zeit bis die Röhrchen bebrütet werden. Dann aber sind diese künstlichen Brutstätten ein wirksamer Ersatz für fehlende Höhlen in morschen Baumstämmen und dergleichen. Eine Versiegelung der Einfluglöcher mit Wachs ist ein eindeutiger Hinweis auf Nachwuchs. Gerne nehmen Hautflügler auch Ziegel als Brutstätten an. Das können fertige Gitterziegel sein oder Vollziegel, in die kleine, tiefe Löcher gebohrt werden. Ebenso gut eignen sich Rundhölzer oder Holzklötze, die mittels Bohrer tiefe Löcher erhalten. Wer sich die Mühe machen möchte, kann auch eine Nistwand für Insekten bauen. Dazu dient z.B. ein Lattengerüst oder ein Holzzaunelement, auf das eine Lehmschicht aufgebracht wird (Abb. 3.50 bis 3.53, Seite 67/68). Zum Schutz vor Regen erhält die Nistwand ein Bretter- oder Ziegeldach. Natürlich kommen Wildbienen, Schlupfwespen, Florfliegen und dergleichen nur, wenn ihnen die Umgebung passt. Vor allem brauchen sie eine Fülle an Blütenpflanzen, insbesondere solche Arten, die

3.45: Keinen Käfig, sondern eher ein Freigehege für Hautflügler stellt diese Kiste dar. Der ideale Standort ist ein sonniger Platz im Obstgarten. Wildbienen helfen bei der Bestäubung und steigern den Obstertrag.

3.46: Insektenhotel in einem Stammabschnitt. Mit der Bohrmaschine oder einem Akkuschrauber werden ca. 12 bis 15 cm tiefe Bohrungen in den Holzklotz eingebohrt. Wichtig ist das saubere Ausbohren, damit im Loch selbst möglichst keine Späne nach innen stehen (die Späne könnten wie Widerhaken wirken und die Insektenlarven verletzen). Deshalb eignet sich für Nützlingsunterkünfte besonders gut verwittertes und unbehandeltes Vollholz oder Hartholz wie Buche oder Eiche, das kaum ausfasert. Auch Holzbeton ist geeignet. Die Querschnitte der Bohrlöcher sollten zwischen 4 und 10 mm betragen. Aber nicht nur Stammabschnitte, sondern auch Holzklötze sind geeignet.

reichlich Nektar spenden (siehe Tab.2, S.44 ff.). Günstig ist ein Flor, der vom Frühjahr bis zum Herbst dauert. Auch hier macht sich ein Artenreichtum im Garten mit Wildsträuchern, Stauden, Sommerblumen und anderen Pflanzen zum Wohl der Tiere bemerkbar.

Schneckenhäuschen-Nisthöhlen

Einige verbreitete solitäre Insektenarten nisten bevorzugt in Schneckenhäuschen. Leere Schneckenhäuschen können einfach im Garten gesammelt werden (keinesfalls aber den bedrohten Weinbergschnecken nachstellen!). Um die Häuschen zu befestigen, werden sie in ein vorbereitetes Bett aus wetterfestem Beton oder Sockelputz gedrückt. Ein einfacher Holzrahmen aus Dachlatten bildet die Schalung, in die der Beton gegossen wird. Auch ein Stück Draht kann mit eingezogen werden, um gleich eine Aufhängung zu haben.

3.47, 3.48, 3.49 Holzstücke, hohle Stängel, Lehm, Hochlochziegelsteine, Steine und Strohknäuel sind gute Materialien für Insektennisthilfen.

Material	**zu beachten**	**Bezugsquellen**
Lehm/Ton	feucht halten, vor der Verarbeitung stark befeuchten und kneten	Garten, Tongruben
Stroh	in 5 - 10 cm lange Stücke schneiden	Landwirt
Weidenruten	vor März (Austrieb) schneiden, da sie dann noch biegsam sind	Landwirt, Wasserwirtschaftsamt
Holzklötze	Buche, Eiche, da nicht fasernd, kein Weichholz, Nadelholz; unbehandelt, Vollholz, auch Holzbeton	Schreinereiabfälle, Schreinereien
Hohlziegel	Löcher zusätzlich mit Brombeer- und Holunderzweigen (hohl) füllen	Reste von Bauarbeiten, Baufirmen

Bauanleitung Insekten-Nistwand

Nistwände, Insekten-Lehmwände und Bruthöhlen gibt es in zahlreicher Ausfertigung mit vielen Bauanleitungen. Doch hat die Praxis gezeigt, dass nicht alles von den Tieren angenommen wird. Zu spezialisiert sind einzelne Arten dieser höhlenbrütenden Bienen und Wespen. Deshalb ist es immer sinnvoll, verschiedene Materialien zu kombinieren. Generell wirkt sich die Verwendung von Altmaterialien positiv aus, da diese eher angenommen werden.

Der eigentliche Nistbereich besteht hier aus 2 Teilen, erstens einer festen Lehmwand mit Weidenausfachung und zweitens der variabel zu füllende Unterbau. Auch ein Nebeneinander dieser beiden Komponenten ist denkbar. Damit wird die Gesamthöhe halbiert, der Schwerpunkt nach unten verlagert, und der Anflug der Insekten ist somit geschützter. Die feste Lehmwand sollte nicht zu groß sein (etwa 1 m^2), da ansonsten die Nistwand zu schwer wird. Das Gerüst bilden 2 Holzstützen (Durchmesser 18x12 cm) die unten und oben mit Querhölzern verbunden sind. Die beiden Stützen werden in Punktfundamente und möglichst auch noch in Balkenschuhe gestellt. Zwischen den Querhölzern werden die senkrechten Äste, die das spätere Weidengeflecht tragen, von oben eingesetzt. Dazu wird das untere Querholz halb und das obere Querholz durchbohrt. Anschließend wird das Dach befestigt. Der Weidenschnitt sollte erst kurz vor der Anfertigung der Lehmwand erfolgen, da die Ruten dann noch elastisch und biegsam sind. Bei längerer Lagerung werden Weiden brüchig, hier schafft mehrtägiges Wässern Abhilfe. Der Lehm muss weich und knetbar sein. Wenn nötig wird er mit dem Rührstab der Bohrmaschine und etwas Wasser aufgerührt. Dabei kann gleichzeitig kurz geschnittenes Stroh (5 bis 10 cm lang) im Verhältnis 2 Teile Stroh und 1 Teil Lehm eingemischt werden. Das Stroh-Lehm-Gemisch wird auf beiden Seiten des Weidengerüstes aufgetragen. Je mehr Fugen und Hohlräume entstehen, desto besser.

Die Tiefe der Nistwand sollte etwa 15 bis 20 cm betragen. In den noch feuchten Lehm werden mit Nägeln, Bleistiften oder Ähnlichem waagerechte Bohrungen eingedrückt. Einzelne Nisthölzchen können ebenfalls mit einge-

Bauanleitung Insekten-Nistwand
Autor:
Wolfgang Grosser

3.50 und 3.51:
Wer sich die Mühe machen möchten, kann den Insekten ein feines Lehm-Nisthäuschen zur Verfügung stellen.
Für das Nisthäuschen wird zunächst ein Flechtwerk gefertigt und überdacht. Die beiden Seiten erhalten einen Lehmputz. Unten können zusätzlich Gitterziegel eingesetzt werden.

3.52, 3.53:
Schon bald kommen Mieter: Hier haben sich Wildbienen im Nisthäuschen angesiedelt.

arbeitet werden. Ist der Lehm bereits zu hart, muss mit der Bohrmaschine gearbeitet werden. Mit der Besiedelung der Lehmwand lassen sich die Insekten Zeit, es kann zwei bis drei Jahre dauern, bis sich eine nennenswerte Ansiedlung einfindet, also nicht die Geduld verlieren.

Hummelkasten

Anders als Wildbienen, Florfliegen und Co. wohnen Hummeln je nach Art über der Erde etwa in Baumhöhlen (Baumhummeln) oder Steinhaufen (Steinhummeln) oder aber im Boden (Erdhummeln). Wenn sie günstige Bedingungen im Garten vorfinden, siedeln sich Hummelköniginnen selbst im Garten an. Dazu brauchen sie je nach Art alte Baumstämme oder Stümpfe, Steinhaufen oder Holzhaufen, sowie eine Fülle an Futterpflanzen (siehe Kapitel 2, Seite 35 ff.). Die einfachste Methode, Hummeln in den Garten zu holen, ist deshalb ein gewisses Maß an „Unordentlichkeit". Ein ungenutzter Holzstapel oder ein Bruchsteinhaufen bieten beste Bedingungen. Wenn noch dazu Salbei, Katzenminze, Lavendel und andere Lippenblütler wachsen, dauert es oft nicht lange, bis sich Hummeln einfinden und Nachwuchs bringen. Wer will, kann die Ansiedlung auch gezielt durch solche Brutstätten und Futterpflanzen fördern. Gerne werden auch systematisch aufgeschichtete Steingärten aufgesucht, die Hohlräume bieten. Im Handel sind zudem spezielle Hummelnistkästen erhältlich, bzw. es ist möglich, auch selbst welche zu bauen. Ob sie bebrütet werden, ist jedoch nie ganz sicher – wie übrigens bei allen Brutstätten, die für Nützlinge geschaffen werden.

3.54:
Erdhummeln nisten sich in Erdhöhlen oder in Hummelkästen ein. Ein solcher Kasten kann selbst aus Holz gebaut werden.

4 Lebensraum Steingarten

Ein Steingarten ist ein willkommenes Gestaltungselement in jedem Garten und ein wertvolles Revier für viele Nützlinge, wie etwa Eidechsen, Wildbienen und Hummeln. Die Baustoffe Steine, Erde und Pflanzen passen gut zusammen und lassen sich vielfältig arrangieren, sei es nun in Form eines umfangreichen Alpinums, als Trockenmauer oder auch nur als kleines Steingebilde. Der Aufbau eines Steingartens macht zwar etwas Mühe, doch braucht der fertige Steingarten recht wenig Pflege. Im Wesentlichen müssen nur störende Pflanzen, die sich selbst ansiedeln, immer wieder entfernt werden, damit die erhaltenswerte Vegetation ungehindert wachsen kann.

Das Material an passenden Steinen ist so vielfältig wie es die Gestaltungsmöglichkeiten sind. Es gibt Kalkgestein, Granit, Schiefer, Sandstein und viele andere Arten und davon wiederum viele Formen, wie etwa große Quader, flache Platten oder geschliffene Kiesel. Das Gestein sollte möglichst aus der näheren Umgebung stammen, damit zum einen ein Transport des ohnehin schweren Materials über weite Strecken nicht nötig ist und zum anderen, weil regionale Baustoffe am besten in den Garten passen. Oft ist das Baumaterial günstig in einem Steinbruch oder einem Schotterwerk in der Region zu bekommen (mit Lieferung kostet eine Tonne Gestein etwa zwischen 30 und

4.1:
Hier wurde eine Trockenmauer zum Abfangen eines flachen Hangs geschaffen. Sie nimmt etliche Kräuterpflanzen auf.

100 € ab Steinbruch, je nach Art und Form). Die relativ kleinen Mengen, die für einen Steingarten gebraucht werden, „fallen nicht ins Gewicht", wenn man vergleicht, wie viele Tonnen beispielsweise für den Straßenbau oder für die Zementherstellung aus dem Berg gesprengt werden. Selbst in Regionen ohne Steinbruch ist die Anlage eines Steingartens durchaus machbar. Statt der Bruchsteine eignen sich auch Ziegel für den Aufbau oder Steine von einem Gebäudeabriss, die sonst entsorgt werden müssten.

Ein Steingarten bietet mit seinen Nischen und Furchen zahlreichen Tieren Unterschlupf und Wurzelraum für besondere Pflanzen. Eidechsen kommen oft von selbst und sonnen sich im Sommer gerne auf den warmen Steinen. Wildbienen und Schmetterlinge fliegen zum Nektartrinken an. Immerhin blühen schon im Spätwinter die ersten Polsterstauden und danach verschiedene andere Nektarquellen auf, insbesondere Kräuter und Duftsträucher, wie der Sommerflieder, die Bartblume oder der wilde Dost. Natürlich ist der Steingarten auch ein idealer Lebensraum für seltene alpine Pflanzen. Enziane, Küchenschellen und Katzenpfötchen brauchen solche Plätze zum Gedeihen. Die Jungpflanzen dafür stammen selbstverständlich nicht aus der Natur, sondern aus eigener Anzucht oder aus einer Staudengärtnerei, zumal vorkultivierte Topfpflanzen zügig anwachsen – im Gegensatz zu ausgegrabenen Wildpflanzen, die selten einwurzeln und bald verkümmern. Damit das Wesentliche erhalten und sichtbar bleibt, ist die Pflanzenauswahl natürlich begrenzt und vor allem auf kleinwüchsige Arten beschränkt, die das Gestein nicht überwuchern.

In der Natur sind „Steingärten" meist großräumig, wie etwa die Schotterhalden in den Alpen, die Kalkfelsen an der Altmühl oder die Kiesbänke an den Flussoberläufen. Oft sind sie auch Veränderungen unterworfen; Lawinen oder Hochwasser schaffen ständig neue Landschaften. Wo sie beständig sind, bieten sie einen besonderen Lebensraum für Tiere und Pflanzen. Solche Steinlandschaften sind kaum mit Steingärten im Garten vergleichbar. Dennoch kann man nach der Natur bauen und die Landschaften oder Teilstücke davon in den Garten übertragen.

4.2:
Lippenblütler, die vorzüglich auf Trockenmauern gedeihen, sind für Hummeln und andere Hautflügler wie geschaffen.

4.3:
Die Steinschichten bieten zudem Ritzen zum Verkriechen: Eidechsen finden sich mit der Zeit selbst in solchen Anlagen ein.

4.4:
Eidechsen, eingegraben, in Winterruhe.

4.5:
Ein großzügiges Schotterbeet kommt den Geröllhalden im Gebirge gleich; es gewährt Unterschlupf und erspart zudem Pflege.

4.6:
Trockenmauer mit kleinem Wasserfall. Hier finden viele Hautflügler was sie brauchen.

Planung und Gestaltung

Sie können einen Haufen Steine in den Garten kippen und darauf warten, was daraus wird. Der Wind weht Erde und Pflanzensamen an und bald grünt und blüht es. Allerdings sind die meisten Gärten zu klein für solche „wilde" Steingärten und außerdem haben Sie wahrscheinlich eigene Vorstellungen und Wünsche, die Sie in die Tat umsetzen möchten. Gewünscht kann beispielsweise ein kleiner Alpengarten (Alpinium) mit Bach sein, eine Trockenmauer am Hang oder ein Steingarten mit speziellen Pflanzen. Die Anlage eines Steingartens ist im Übrigen jederzeit möglich, bei der Gartenneugestaltung wie auch nachträglich. Ein sehr detaillierter Plan ist gewöhnlich unnötig, zumal es sich nicht um ein Bauprojekt handelt. Anders als etwa ein Plattenweg, der ein Fundament braucht oder ein Gartenteich, der einen soliden Unterbau erfordert, lässt sich ein Steingarten recht frei anlegen. Gewisse statische Richtlinien und Grundlagen bei der Gesteinswahl, beim Aufbau und der Bepflanzung sind allerdings zu beachten. Schließlich soll ja ein schönes und langlebiges Gestaltungselement geschaffen werden, denn nachträgliche Änderungen sind nur mit Mühe möglich. Bevor also die Steinlieferung kommt, müssen die Lage, die Form und die Größe ungefähr festgelegt sein. Eine Südlage ist günstig, zumal die meisten Steingartenpflanzen viel Licht brauchen. Die Form wird am besten dem verfügbaren Gelände angepasst; ebenso die Größe und die Höhe der Anlage.

Bau eines Steingarten-Mäuerchens: Zunächst wird der Boden vorbereitet. Dazu steckt man die Grundfläche ab und hebt die lockere Mutterbodenschicht aus. Die Aushuberde wird beim Aufbau wieder verwendet und einstweilen in der Nähe gelagert. Auf dem gewachsenen beziehungsweise festen Untergrund lässt sich nun die erste Steinreihe setzen.

4.7:
Recycling im Garten: Kräuterbeeteinfassung aus alten Ziegelsteinen.

4.8:
Steinreich – solche Inseln im Garten dienen als Rückzugsgebiete für Tiere und können nebenbei nützliche Gestaltungselemente sein, so etwa Grenzbefestigungen zwischen verschiedenen Bereichen.

4.9 und 4.10 *(unten)*:
Das Aufschichten eines Steingarten-Mäuerchens ist zwar schwere Arbeit, aber nicht schwierig; die Steine müssen schon an der Basis fest sitzen und gut verkeilt sein. Auf einer guten Grundlage macht der weitere Aufbau keine Probleme; die Fugen werden nicht mit Mörtel, sondern mit Gartenerde verfüllt. Je nach Bepflanzung entwickelt sich ein mehr oder weniger üppiger Grünstreifen; hier wurden vorzugsweise Kräuter eingesetzt.

4.11:
Eine Trockenmauer passt besonders gut an einen Hang. Der Steinwall stützt und schafft ein ebenes Plateau. Hier werden Kalksteine verbaut.

4.12:
Die Trockenmauer ist bepflanzt. Den Kräutern bekommt die vollsonnige Lage sichtlich gut. Hier bildet der Wermut einen kräftigen Busch.

4.13:
Den Tieren kommen die Fugen gerade recht. Hier können sich Hummeln oder auch Eidechsen ungestört aufhalten. Mit der Zeit breiten sich Pflanzen aus. Wer will, kann die Pflanzen ungehindert wachsen lassen. Sie nehmen dann von der ganzen Mauer Besitz und verbergen sie unter einem farbenprächtigen Mantel.

Sie fasst die gesamte Grundfläche ein. In dieses Bett wird nun bis zur Oberkante der Steine Erde eingefüllt. Die Erde wird festgetreten und verdichtet, damit sie später nicht mehr zusammensackt. Jetzt lässt sich der Steingarten auf der unteren Steinlage weiter aufbauen. Dazu wird Stein für Stein auf die untere Steinlage gesetzt und zwar so, dass die Steine versetzt zum Teil auf der Erdschüttung liegen. Die Steine sollten dabei eine leichte Neigung nach innen haben, damit sich Nischen zur Bepflanzung bilden und die Erde nicht ausgewaschen wird. Zwischen den Steinen bleiben Lücken, die mit Erde gefüllt und gleich bepflanzt werden. Je nach Bepflanzung ist dazu ein spezielles Substrat nötig. Alpenrosen (z.B. *Rhododendron hirsutum*) und andere Moorbeetpflanzen brauchen saure Erde. Stauden und Gehölze, die auf Kalkgesteinsböden vorkommen, gedeihen nur auf alkalischer (kalkhaltiger) Erde. Den meisten Pflanzen genügt aber gute Gartenerde, so etwa den Latschen (Zwergkiefern), Zwergweiden, Seidelbast-Arten, Polsterphlox, Blaukissen, Hauswurzen und vielen anderen. Bei der Pflanzenauswahl ist eine gute Beratung mit Pflanz- und Pflegeanleitung empfehlenswert, vor allem bei besonderen Arten. Übrigens ist diesbezüglich auch die Gesteins-Art zu beachten. Kalkgestein reagiert beispielsweise alkalisch, das heißt, auf Kalkstein gedeihen nur kalkverträgliche Pflanzen wie z.B. Silberdistel, Frühlingsenzian, Seidelbast. Das Gros der Steingartenpflanzen ist jedoch recht tolerant und wächst auf jedem Gestein beziehungsweise in guter Erde zwischen den Steinen. Eine universelle Erde, passend für die meisten Gehölze, Stauden und Gräser ist eine Mischung aus 1/3 lehmiger Gartenerde, 1/3 Sand und 1/3 Kompost. Für be-

4.14: Bepflanzte Natursteintreppe.

sondere Pflanzen mischt man je nach Art ein eigenes Substrat.

Auf die zweite Steinlage wird nun weiter aufgebaut, bis die gewünschte Höhe erreicht ist. Dabei lassen sich kantige Steine einfacher zu einem stabilen Verband aufschichten als runde. Aber selbst mit großen Kieseln kann ein Steingarten gebaut werden, wenn die Kiesel sorgfältig gelegt und so verkeilt werden, dass sie fest sitzen. Dies ist im übrigen bei allen Steinen wichtig, ebenso das lückenlose Verfüllen mit Erde. Jeder Stein muss so lange gedreht und gewendet werden, bis er richtig fest sitzt. Hohlräume sind mit Erde zu verfüllen. Richtig fest wird der Steinaufbau aber erst, wenn die Gehölze und Stauden gut eingewurzelt sind.

Ein konischer Aufbau ist grundsätzlich bei jedem Steingarten-Typ wichtig (ein Schotter- oder Kiesbeet ausgenommen). Die Seiten müssen sich also nach oben verjüngen, damit die Steine fest sitzen und nicht abrutschen. Je größer ein Steingarten gebaut und je besser er modelliert wird, umso attraktiver ist er, zumal er Pflanzflächen für viele verschiedene Gehölze und Stauden bietet und eventuell auch Platz für einen kleinen Teich oder Bach mit Wasserfall.

Pflege

Außer der Bewässerung nach dem Pflanzen und dem gelegentlichen Jäten benötigt ein Steingarten keine besondere Pflege. Falls erforderlich sind nach Jahren allzu wüchsige Pflanzen zu reduzieren, wenn sie schwächere Arten bedrängen. Nachpflanzungen sind natürlich möglich, wenn einige Arten schlecht wachsen oder neue Arten dazu kommen sollen.

4.15:
Eine kleine Kräuterschnecke nimmt eine Menge verschiedener Pflanzen auf. Ebenso wirkungsvoll ist jedoch auch ein einfacher Steingarten oder eine Trockenmauer, wenn sie entsprechend mit Erde verfugt und bepflanzt wird.

4.16:
Im Sommer nach der Bepflanzung haben die Kräuter den kleinen Steinaufbau bereits in Besitz genommen.

4.17:
Der Salbei lädt vor allem Hummeln zum Nektartrinken ein. Der immergrüne Strauch ist recht robust und ausdauernd.

4.18:
Silberdisteln stehen unter Naturschutz. Das Ausgraben ist verboten! Sie sind aber als Jungpflanzen in Staudengärtnereien zu bekommen.

Steingartenpflanzen

Sehenswerte Anlagen
Alpengarten am Schachen, Garmisch-Partenkirchen; Alpinum im Botanischen Garten München; Steingartenanlage im Botanischen Garten Erlangen; Alpengarten in Gardone am Gardasee u.v.a.

Gehölze, die von Natur aus besonders gut in Steingärten gedeihen, sind: Zirbelkiefern, Säulenwacholder, Felsenmispeln, Felsenbirnen, Bergkiefern (insbesondere Zwergformen), Zwergweiden, Alpenrosen, Seidelbast, Salbei, Lavendel u.a.; natürlich beschränkt man sich auf einige Arten, je nach Größe des Steingartens und verfügbarem Platz. Von den ausdauernden Stauden bieten sich an: Polsterphlox, Blaukissen, Steinkraut, Mauerpfeffer, Hauswurz, Enzian, Küchenschelle, Primeln, Alpenmohn, Mannsschild, Nelken, Christrose, Akelei, Steinbrech, Silberdistel, Glockenblumen u.a.; Stauden wirken in kleinen Gruppen am besten. Sie sind ausdauernd und breiten sich zunehmend aus. Das gilt auch für Gräser (z.B. Blaukissen, Bärenfellgras, Perlgras u.a.) und für Wildzwiebelblumen wie etwa Blausternchen, Wildtulpen, Traubenhyazinthen, Herbstzeitlose, Schneeglöckchen, Märzenbecher, Krokusse, Zwergiris u.a.. Sie vermehren sich, wenn sie ungestört blühen, abblühen und einziehen dürfen.

4.19: Steinbrechfelsennelke *(Petrorhagia saxifraga)*

Tabelle 3: Weitere Steingartenpflanzen (Auswahl)

Hauswurz (*Sempervivum*)

Hauswurz (*Sempervivum marmoreum*)

Steinbrech (*Saxifraga*)

Steinbrech (*Saxifraga paniculata*)

Enzian (*Gentiana angustifolia*)

Gelber Enzian (*Gentiana lutea*)

Schwalbenwurzenzian (*Gentiana asclepia-dea*)

Gelber Enzian (*Gentiana lutea*), mit Hummeln

Bergbohnenkraut (*Satureja montana subsp. illyrica*)

5 Lebensraum Kompost

Regenwürmer, Asseln und Tausendfüßler zählen zu den wichtigsten Nützlingen. Ohne sie wäre die Verrottung abgestorbener Pflanzenteile unmöglich. Die Bodenlebewesen verzehren Blätter und andere organische Abfälle und produzieren daraus wertvollen Humus. Durch eine geordnete Kompostierung lassen sich die kleinen Nützlinge vermehren und im Gartenboden ansiedeln.

Die Kompostierung hat ohnehin nur Vorteile. Sie entlastet die Hausmülltonne, „entsorgt“ die Gartenabfälle und erzeugt kostenlos jede Menge guter Erde. Allerdings muss richtig kompostiert werden, damit die Abfälle gleichmäßig verrotten und nicht verfaulen. Die Pflanzenteile und Küchenabfälle verrotten nur, das heisst, sie vererden nur, wenn sie luftig aufgeschichtet und gut vermischt sind. Der Komposthaufen ist keine Abfallhalde, sondern ein recht ordentliches Gebilde aus bestimmten Stoffen, die zur Verrottung geeignet und locker aufgeschichtet sind.

Guter Kompost ist nährstoffreiche, lockere Erde, für die es im Haus und im Garten genügend Verwendung gibt; etwa als Mischung aus Kompost und gemahlenem Blähton beim Umtopfen von Zimmerpflanzen, zur Anzucht von Jungpflanzen oder zur Verbesserung der Gemüsebeete. Spezialkomposte wie etwa Lauberde werden beispielsweise zur Versorgung und Bodenverbesserung von Heidegärten oder Rhododendronbeeten gebraucht. Mit dem Kompost gelangen unzählige Bodenlebewesen in den Garten. Sie tragen weiterhin zum Abbau von Laub und welken Pflanzenteilen bei und verbessern die Humusstruktur des Bodens.

Was kompostieren?

Wie im Wald sind es vor allem Pflanzenteile, die völlig vererden. Außer Blättern, Gras, kleinen Zweigen, Ernterückständen und was sonst so rund ums Jahr im Garten anfällt – kranke Pflanzenteile ausgenommen – sind auch Küchenabfälle und Pflanzenteile aus dem Haus gut kompostierbar und zwar Kaffee- und Teerückstände, Reste vom Gemüseputzen, faulige Früchte, zerkleinerte Eierschalen, welke Blu-

5.1: *linke Seite*
Ein schattiger Platz für den Kompostbehälter verhindert die Austrocknung. Dieser schnell selbstgebaute Komposter aus Maschendraht hat ein reichliches Fassungsvermögen.

5.2:
Unbehandelte Hölzer sind gut für den Bau eines Kompostsilos geeignet. Sie halten recht lange und geben, da nicht imprägniert, keine giftigen Imprägniermittel ab.

5.3:
Wertvoller Humus aus verrotteten organischen Abfällen.

5.4:
So ein geflochtener Weidenkorb ist fast zu schade als Kompostbehälter. Auch er bietet beste Bedingungen: Das Flechtwerk ist luftdurchlässig und ausreichend stabil.

5.5:
Die Abfälle müssen luftig aufgeschichtet und gut durchmischt werden.

5.6:
Für einen Komposter mit ca. 1 m Durchmesser ist ein etwa 3 m langes Maschendrahtgewebe nötig (genauer: Durchmesser × 3,14). Drahtgewebe ist in Baumärkten und Gartenbaucentern oder bei Zaunbaufirmen erhältlich.

men- und Zimmerpflanzen, verunreinigter Vogelsand und dergleichen, Abfälle aus Tierkäfigen sowie andere organische Stoffe, aber keine Speisereste (sie locken Ratten an), kein bedrucktes Papier (das gehört in die Papiertonne) und keine Erdnussschalen (sie verrotten nicht). Auch nicht-organische, also mineralische Stoffe wie etwa Kalkreste, Blähton aus der Hydrokultur oder Ziegelsplitt können dazu gegeben werden, die lockern das Ganze sogar etwas auf.

5.7:
Der Gitter-Komposter ist schnell gebaut; nach dem Rundbiegen des Maschendrahtstücks werden die Verbindungsstellen mit Draht verknüpft.

Wie kompostieren?

Locker muss der Haufen ohnehin sein, denn die Abfälle verrotten nur, wenn sie Sauerstoff bekommen und Kohlendioxid abgeben können. Andernfalls, das heisst, wenn sie keine Luft bekommen, geht die Rotte in Fäulnis über. Auch die wichtigen Bodenlebewesen, die wesentlich am Abbau beteiligt sind, brauchen Luft zum Atmen. Damit die Regenwürmer, Asseln, Tausendfüßler etc., die sozusagen den Müll fressen und als Erde ausscheiden, in den Komposthaufen eindringen können, muss er auf den Gartenboden aufgesetzt sein. Der Kompostplatz darf also keinen geschlossenen Boden haben (das gilt auch für Silos). Eine Durchmischung der Abfälle ergibt sich gewöhnlich von selbst, zumal nach und nach verschiedene Stoffe auf dem Hau-

fen landen. Grasschnitt oder Blätter sollten, wenn sie in größeren Mengen anfallen, mit anderen Stoffen oder mit einigen Schaufeln Erde vermischt werden. Günstig ist auch, den Haufen mit reifem, teilweise schon vererdeten Kompost zu „impfen", dadurch gelangen Würmer und Mikroorganismen hinein.

Wo kompostieren?

Am besten ist ein schattiger, gut zugänglicher Platz nicht zu weit entfernt vom Haus, der jederzeit erreichbar ist. Der Haufen sollte weder zu groß, noch zu klein sein. Bewährt hat sich bei einem „klassischen" frei aufgeschichteten Komposthaufen eine Sohlenbreite von etwa 120 cm und eine ebensolche Höhe. Die Länge lässt sich beliebig gestalten. Ein kleinerer Haufen trocknet leicht aus, ein größerer kann eventuell faulig werden. Das gilt auch für geschlossene Kompostbehälter. Hier hat sich ein Rauminhalt von etwa einem Kubikmeter bewährt. Im Handel sind auch kleinere Holz-, Gitter- oder Kunststoffkomposter erhältlich, die durchaus gut geeignet sind. Für eine optimale Kompostierung sind mehrere Haufen oder Behälter nötig. Nur so sind ständig Kapazitäten für neue Abfälle frei. Zudem ist immer reife Komposterde verfügbar. Bis Kompost reif ist, dauert es bei leicht verrottbaren Abfällen etwa ein halbes Jahr. Für besondere Kompost-Arten lohnt es sich, eigene Haufen anzulegen oder Silos aufzustellen, so etwa für Lauberde zur Versorgung der Moorbeetpflanzen.

Kompostsilos

In kleinen Gärten können Kompostsilos durchaus ein Ersatz für den Komposthaufen sein. Die Entscheidung bestimmt meist der Preis, zumal Produkte von etwa 20 bis 100 € erhältlich sind. Ganz einfach sind Komposter aber auch selbst zu bauen; so etwa aus gebrauchten Paletten, aus Maschendraht oder Holzlatten (siehe unten). Nicht zu empfehlen sind Kompostsilos aus imprägniertem Holz, weil die Giftstoffe ausgewaschen werden. Für die Platzierung der Silos gilt das Gleiche wie für den offenen Haufen, wobei die kompakten Silos weniger Platz einnehmen und etwas unauffälliger sind. Ein einziges Silo ist jedoch oftmals zu wenig, weil schnell gefüllt.

Beschleuniger und andere Mittel

Kompoststarter, -beschleuniger und andere Mittelchen sind eigentlich unnötig. Allerdings können ein paar Schaufeln voll reifen oder angerotteten Komposts die Verrottung von frischen Stoffen durchaus fördern, weil damit Mikroorganismen übertragen werden. Natürlich sind auch Kräuterbrühen wertvoll, weil sie dem Kompost Spurenelemente, Kieselsäure und an-

5.8:
Mit einer Kombizange lassen sich die Drähte richtig festdrehen.

5.9:
Verletzungen sind durch das Entgraten der Schnittstellen zu vermeiden.

5.10:
Der verzinkte Metallkomposter ist viele Jahre beständig. Unter Bäumen stört er nicht und ist dennoch gut erreichbar.

Bauanleitung Drei-Kammer-Komposter

5.11: Ein selbstgebauter Drei-Kammer-Komposter bietet reichlich Raum, wenn die einzelnen Kammern nicht zu klein gewählt werden (mind. 1 m Seitenlänge pro Kammer). Zunächst wird das Holz zugeschnitten.

5.12: Dann werden die Mittel- und Seitenteile zusammengeschraubt.

5.13: Bei der Vielzahl von Schrauben lohnt sich der Einsatz eines Akku-Bohrers.

5.14: Der Komposter nimmt langsam Gestalt an. Längere, durchgehende Latten sorgen für die nötige Stabilität.

5.15: Mit den beiden Mittelteilen werden die drei Kammern gebildet.

5.16: Nachdem alle Latten angeschraubt sind, ist der Drei-Kammer-Komposter einsatzbereit.

dere Stoffe zuführen. Mit Kalk, Kalkstickstoff und anderen Düngemitteln ist sparsam zu wirtschaften. Erst wenn der Kompost fertig ist, lässt sich anhand von Proben und Analyseergebnissen erkennen, ob Nährstoffgaben nötig sind. Immerhin enthält reifer Kompost alle Nährstoffe und ist selbst ein Düngemittel, insbesondere, wenn er mit Stallmist angereichert wurde. Ein Mangel an Spurenelementen kann mit Steinmehl behoben werden. Steinmehlgaben sind übrigens auch empfehlenswert, wenn der Kompost trotz aller eingehaltenen Regeln üble Gerüche verbreitet. Das feine Pulver bindet die Gase.

Fertigprodukte

Der beste Kompost kommt immer aus dem eigenen Garten! Wenn z.B. in jungen Gärten aber noch nicht genug reifer Kompost zur Verfügung steht, lässt sich der Bedarf für Pflanzungen, für den Gemüseanbau, für Erdmischungen etc. mittels Industrieprodukten decken. Allerdings ist hier Vorsicht geboten, denn manchmal holt man sich dabei auch Kunststoffreste und andere Schadstoffe in den Garten. Qualitätsprodukte tragen gewöhnlich seriöse Gütesiegel, wie z.B. das LUFA-Zeichen (Prüfsiegel einer Landwirtschaftlichen Untersuchungs- und Forschungsanstalt). Meist unterhalten auch die Gartenämter gut geführte Kompostieranlagen und reifer Kompost ist dort preiswert zu bekommen.

Tipp

Der Kompost ist reif, wenn er völlig vererdet ist. Genau lässt sich das mit dem Kressetest prüfen. Dazu wird eine Schale mit Kompost gefüllt und mit Kressesamen bestreut. Wenn die Saat gleichmäßig aufgeht und sich die Jungpflanzen gut entwickeln, ist der Kompost mit Sicherheit reif.

6 Lebensraum Feucht-Biotop

Für Tiere ist Wasser ebenso wichtig wie für uns Menschen. Eine oder besser mehrere Wasserstellen im Garten begünstigen die Ansiedlung von Vögeln, Insekten und anderen Nützlingen ganz wesentlich. Immerhin brauchen z.B. brütende Vögel nur kurze Flugstrecken zur Versorgung ihrer Jungtiere zurückzulegen. Das erleichtert ihnen natürlich die mühsame Brutpflege. Wenn ein natürliches Gewässer in der Nähe liegt, können die Nützlinge stets aus dem Vollen schöpfen. Wenn nicht, helfen künstliche Gewässer wie Gartenteiche, Brunnen oder kleine Tränken. Ein Teich bietet weitere Vorteile. Hier finden die Tiere neben dem nötigen Trinkwasser u.a. auch Baumaterial zum Auspolstern der Nester wie etwa Gräser und flaumige Wasserpflanzen, außerdem lädt die Wasserstelle zum Baden ein.

6.1: *linke Seite*
Es dauert nur wenige Monate bis Wasserpflanzen einen künstlichen Teich dicht begrünt haben. Die Wasserstelle ist ein Lebensraum für viele Tiere und bietet ihnen zudem Baumaterial.

Teichbau mit Kunststoffen

Seit es spezielle Folien gibt, sind unzählbare Gartenteiche entstanden. Nach wie vor sind diese künstlichen Wassergärten eine Bereicherung für jeden Garten.
Auch die Gartengestaltung wird vom gerade herrschenden Geschmack beeinflusst. Eine Zeit lang waren Nadelbäume modern – zu Ungunsten der Obstbäume, die in Mengen gefällt wurden. Jetzt ist es gerade umgekehrt, so dass viele Nadelbäume den Obstbäumen weichen müssen. Beim Teichbau gibt es diesen Wandel zum Glück nicht. Der Trend zu Wasser im Garten geht weiter. Der Teichbau mit Folie ist wohl die einfachste und effektivste Art, um einen Teich im Garten anzulegen, zumal Hartkunststoffbecken teuer und ziemlich schwierig einzusetzen sind. Zudem geben sie strenge Formen vor. Hinzu kommt, dass Polyäthylen-Folie ebenso haltbar wie der Hartkunststoff Polyester ist, wenn sie richtig verlegt und geschützt wird. Vor allem aber erfordert der Teichbau mit Folie kein besonderes Geschick. Allerdings gilt es Einiges zu beachten, damit aus

6.2:
Ein einziger Seerosenstock wuchert einen Teich in wenigen Jahren zu. Die Pflanzen lassen sich aber im Herbst leicht teilen und verkleinern – falls nötig.

6.3:
Flacher Teich auf dem Grundstück eines Mehrfamilienhauses, bepflanzt mit Iris (*Iris pseudacorus*).

dem Stück Folie ein schöner haltbarer Teich wird.

Beste Lage

Grundsätzlich lässt sich ein Teich an jedem Ort anlegen. Allerdings gibt es Einschränkungen. Auf felsigem Gelände lohnt sich der Teichbau kaum oder er macht große Mühe. Ebensowenig wird man einen Teich neben einer öffentlichen Straße platzieren, wenn keine Eingrenzung vorhanden ist. Das wäre viel zu gefährlich, zumal Wasser auf Kinder wie ein Magnet wirkt. Auch wird kaum jemand einen Teich in eine versteckte Gartenecke bauen, es sei denn, aus rein ökologischen Gründen. Am besten passt ein Gartenteich an eine übersichtliche Stelle im Wohngarten und zwar an einen Randbereich im Rasen, so dass er zum Teil mit Pflanzen eingefasst, aber dennoch zugänglich und gut zu sehen ist. Eine sonnige Lage ist günstig, weil die Wasserpflanzen optimal mit Licht versorgt werden, aber nicht nötig, denn auch im Halbschatten oder im Schatten gedeiht der Wassergarten, wenn er richtig begrünt wird. Algenprobleme entstehen weniger durch Licht als durch die Ausstattung, insbesondere durch das Einfüllen nährstoffreicher Erde. Wer langjährig etwas von der Wasserfläche haben möchte, sollte ohnehin auf wüchsige Wasserpflanzen verzichten. Eine Seerose in einem Korb und ein paar ausgewählte Ufer- und Schwimmpflanzen genügen. Andernfalls wächst der Teich in wenigen Jahren völlig zu. Bei einer Lage unter Bäumen sollte das Laub im Herbst aufgefangen oder abgefischt werden. Sonst kommt mit der Zeit eine Faulschlammschicht zusammen, die das Wasservolumen vermindert und durch den hohen Nährstoffgehalt den Algenwuchs fördert. Soll der Teich unter Bäumen angelegt werden, ist deren Wurzelwerk zu beachten. Jedenfalls ist ein ausreichender Abstand nötig, um bei dem Erdaushub nicht unnötig Wurzeln zu verletzen.

Ein Teich passt sowohl neben eine gemütliche Sitzgruppe wie auch direkt im Anschluss an eine Terrasse. Wer Angst vor Stechmücken hat: Diese kommen meist nicht von einem Teich – weil sie hier viele Feinde haben – sondern aus Pfützen oder Wasserbecken. Wenn doch Stechmückenlarven im Wasser zu sehen sind, genügt es, ein paar wenige Fische einzusetzen. Zwei Goldfische beispielsweise vertilgen die Larven in wenigen Tagen. Auch sonst stören einige Fische im Teich nicht. Sie brauchen keine Pflege und können auch im Winter im Wasser bleiben, wenn der Teich eine frostfreie Tiefstelle hat.

Zur Grundstücksgrenze ist in der Regel kein besonderer Abstand nötig. Allerdings muss die Teichpflege von allen Seiten möglich sein. Ein Teich ist im Übrigen genehmigungsfrei. Natür-

6.4:
Größerer Badeteich

6.5:
Regensammelteich mit Seerosen in einem Seniorengarten.

lich darf den Anliegern kein Schaden entstehen. Quakende Frösche müssen zwar geduldet werden, dennoch ist es im Sinne des nachbarschaftlichen Friedens besser, keine Frösche einzusetzen, wenn diese eventuell stören könnten. Darüber kann man sprechen, zumal das Quaken oft nicht als belästigend empfunden wird und nur auf eine kurze Zeit im Jahr beschränkt ist. Je größer der Abstand zu den Wohngebäuden ist, desto weniger wird das Quaken stören.

Je größer, desto besser

Je größer der Garten ist, desto mehr Möglichkeiten der Teichgestaltung gibt es. Doch auch in kleinen Gärten ist der Bau eines Teiches zu empfehlen, denn jedes Wasserbecken hat seinen Wert. Allerdings kann es manchmal sinnvoll sein, mit dem Teichbau abzuwarten, beispielsweise bis die Kinder älter und nicht mehr gefährdet sind oder bis eine großzügige Teichanlage finanziell leichter zu ermöglichen ist.

Planung

Sobald die Entscheidung für einen Gartenteich getroffen und der bestmögliche Platz gewählt ist, können Größe und Form festgelegt werden. Der Teich sollte so groß gewählt werden, wie es die Fläche im Garten erlaubt – wenn schon, denn schon, zumal die Folie auf Bestellung in jeder Größe geliefert wird. Je größer ein Teich ist, um so besser wirkt er und um so stabiler ist sein ökologisches Gleichgewicht, da er in verschiedene Zonen eingeteilt werden kann und so reichlich Raum für viele Lebewesen bietet. Es gibt keine Regeln diesbezüglich, aber gewisse Richtlinien haben sich durchaus bewährt. So sollte eine Tiefwasserzone mit mindestens 80 cm vorgesehen werden, die auch bei strengem Frost eisfrei bleibt und den Teichtieren das Überwintern dort ermöglicht. Die tiefe Stelle erfordert eine Mindestbreite von einigen Metern. Steilwände sind zu vermeiden. Der Teich kann rund, oval oder geschwungen sein, die elastische Folie macht viele Formen möglich. Eine einfache, großzügige Gestaltung wirkt meist am besten. Das Höhenprofil dagegen sollte durchaus vielfältig abgestuft sein. Plateaus in unterschiedlichen Höhen sind günstige Standplätze für Pflanzen und Ruhezonen für die Teichtiere. Es empfiehlt sich, nur einige ausgewählte Wasserpflanzen in den Teich einzubringen, denn die meisten Arten sind Wucherer. Wer auch nach Jahren noch eine freie Wasserfläche haben möchte, beschränkt sich auf einzelne in Töpfe eingesetzte Arten, um den Wuchs zu begrenzen. Andernfalls ist der Teich schon in wenigen Jahren zugewachsen. Eine Seerose im Tiefwasser und einige Wasserschwertlilien, Froschlöffel und Sumpfdotterblumen in den flachen Zonen sowie freischwimmende Krebsscheren sind durchaus ausreichend. Außerhalb der Wasserfläche kann der Teich jedoch üppig begrünt werden, vorzugsweise mit Gräsern und Stauden. Sie werden an das Ufer gepflanzt, wobei die bis zur Erdoberfläche hochgezogene Teichfolie verhindert, dass sich die Pflanzen zum Wasser hin ausbreiten. Tiere siedeln sich von selbst an oder werden mit den Wasserpflanzen eingesetzt, so etwa Libellen, die oft schon während des Teichbaus ihr neues Revier in der Luft „abgrenzen" oder Wasserschnecken, die in Blattpflanzen versteckt sind. Beide Arten sind übrigens gern gesehene Gäste, die Libellen fangen Schädlinge, die Wasserschnecken verzehren Algen. Jeder Teich verträgt auch einige Fische, auch dabei ist es sinnvoll, sich auf wenige Exemplare zu beschränken.

Materialkauf

Polyethylen-Folie (PE-Folie) hat sich bestens bewährt. Sie ist chlorfrei und ebenso haltbar wie PVC-Folie. Eine 1 mm dicke PE-Teichfolie ist ausreichend reißfest und dabei sehr elastisch (Preis pro m² Folie etwa 5 €). Qualitätsware mit Gütesiegel und Haltbarkeitsgarantie ist zu empfehlen. Vor allem aber sollte die Folie am Stück gekauft werden, denn Schweißnähte sind stets Schwachstellen. Auf Bestellung gibt es Teichfolie in jeder beliebigen Größe. Bis etwa 4 m Breite ist die Teichfolie auch von der Rolle in Baumärkten oder Gartencentern erhältlich. Neben schwarzen Folien werden auch Folien in anderen Farben angeboten. Die Farbe ist allerdings unbedeutend, denn die Folie wird ohnehin völlig mit Kies bedeckt. Kaufen Sie die Teichfolie auf keinen Fall zu klein, denn das Anstückeln lohnt sich nicht und vermindert die Haltbarkeit. Am besten besorgt man die Folie erst dann, wenn das Teichbett fertig ausgehoben ist. Außer der Folie ist ein Teichvlies aus Acrylgewebe notwendig. Auf diesem Vlies liegt die Folie weich und ist vor spitzen Gegenständen geschützt. Das Vlies wird dort ausgebreitet, wo der Sand nicht liegen bleibt, also besonders an den steileren Randzonen. Das Vlies kostet etwa halb so viel wie Teichfolie. Sand zum Auspolstern und Kies zum Bedecken der Folie sind im Baustoffhandel erhältlich. Ein Kubikmeter Rollkies kostet etwa 20 € zzgl. Lieferung. Der Sand (gewöhnlicher Bausand) ist etwas teurer. Die Lieferung per LKW kostet je nach Entfernung bis zu 100 €. Ein gewöhnlicher Kipper kann 4 - 6 Kubikmeter Kies laden. Es lohnt sich also, reichlich zu bestellen, zumal der Baustoff selbst keine hohen Kosten verursacht. Der Kies macht den Teich aber erst richtig schön und er schützt die teure Folie.

Teichbau

Der Teichbau beginnt mit dem Erdaushub. Wer sich die mühevolle Arbeit erleichtern will, kann den groben Aushub mit einem Minibagger erledigen (ist bei Leihfirmen erhältlich). Dazu wird der Umriss des zukünftigen Teiches z.B. mit Sand markiert oder mit Pflöcken abgesteckt und das Bett den Vorstellungen entsprechend tief ausgebaggert oder ausgegraben. Die Aushuberde lässt sich übrigens gut zum Modellieren eines Bachlaufs am Teich nutzen oder, wenn kein Hügel gewünscht wird, meist an einer anderen

6.6:
Teichbett ausbaggern: Das ausgekofferte Teichbett gibt die spätere Form des Wassergartens vor. Je größer der Teich ist, umso besser wirkt er und umso stabiler ist sein ökologisches Gleichgewicht. Wichtig: Eine Tiefwasserzone mit mindestens 80 bis 100 cm Tiefe vorsehen, damit Teichtiere frostfrei überwintern können.

6.7:
Herausstehende Wurzeln wurden entfernt, das Teichbett erhält eine ca. 3 – 5 cm dicke Sandschicht.

Stelle im Garten verwenden. Das grob geformte Teichbett wird nun mit dem Spaten nachgeformt, so dass flache Terrassen entstehen. Falls nötig, werden Wurzeln ausgegraben und spitze Steine entfernt. In das fertige Teichbett wird nun die Sandschüttung und darüber – besonders an den steilen Lagen – das Teichvlies eingebracht. Erst dann wird die Teichfolie ausgebreitet. Das gelingt am besten mit einigen Helfern, denn das große Kunststoff-Stück ist ziemlich schwer. Beschädigungen sind beim Ausbreiten der Folie unbedingt zu vermeiden. Die Folie muss rundherum an allen Stellen überstehen. Denn der Wasserdruck presst sie beim Fluten in das Teichbett und zieht die Ränder nach unten. Als Nächstes erhält die Seerose ihren Platz. Dann beginnt man mit dem Ausbreiten der Kiesel und

6.8:
Als Unterlage für die Teichfolie wird ein Vlies aus weißem Acrylgewebe ausgelegt.

6.9:
Nun kann die Teichfolie, am besten aus Polyethylen, 1 mm stark, aufgebracht werden.

6.11:
Das Wasser presst die Teichfolie fest ins Bett. Zum Fluten kann eigenes Wasser, etwa aus einem Brunnen, in den Teich gepumpt werden. Die ersten Wasserpflanzen werden eingesetzt.

6.10:
Die Teichfolie wird grob zugeschnitten, der Teich geflutet.

6.12:
Flache Uferzonen machen den Ausbau mit Kieseln möglich. Die Folie verschwindet völlig darunter. Die Kieseln bieten später Teichtierchen Unterschlupfmöglichkeiten.

6.13:
Der Teich im Frühjahr. Wird eine freie, großzügige Wasserfläche gewünscht, dürfen nur wenige Pflanzen eingesetzt werden. Sonst wuchert der Teich bald zu.

6.14:
Der Teich ist eingewachsen.

6.15:
Der Teich im Winter. Betreten verboten! Unter der Eisfläche ruhen die Tiere. Erschütterungen sind störend. Eine geschlossene Eisdecke schadet den Tieren nicht, im Wasser ist genügend Sauerstoff gelöst.

zwar von innen nach außen und lässt gleichzeitig das Wasser einlaufen. So nimmt der Wassergarten langsam Gestalt an. Sobald der Teich mit Wasser gefüllt ist und an der tiefsten Uferstelle überläuft, wird die Folie hier unterfüllt; jedoch nur, wenn der Wasserstand an anderen Stellen noch zu niedrig ist. Jetzt können schon mal die großen, herausragenden Folienstücke – insbesondere an den Ecken – abgeschnitten und der Teich rundherum fertiggestellt werden. Die Folie muss als Saugsperre wirken. Das bedeutet, die umliegende Erde wird vollständig vom Wasser abgetrennt. Deshalb ist es wichtig, den Folienrand rund herum hochzustellen und von innen und außen Kieselsteine anzuschütten. Dann wird die Folie bündig zur Wasseroberfläche abgeschnitten, so dass sie nicht mehr zu sehen ist. Abschließend werden die Uferpflanzen eingesetzt bzw. rundherum an den Teich gepflanzt. Nach getaner Arbeit ist das Wasser noch trüb. Doch schon in wenigen Tagen sinken die Schwebstoffe zu Boden und das Wasser ist klar.

Kindersicherung

Wasser ist nicht nur ein Lebenselement, sondern auch eine Gefahrenquelle. Wenn kleine Kinder durch einen Teich gefährdet sein könnten, verzichtet man entweder darauf oder baut ihn an einem späteren Zeitpunkt. Anderenfalls ist eine wirksame Sicherung, z.B. ein stabiler, dichter Zaun notwendig. Unsichtbare Gitter, die unter der Wasseroberfläche liegen, sind nicht zu empfehlen, sie wirken eher als Fallen, statt dass sie eine Sicherung darstellen. Auf jeden Fall muss das Grundstück auch so eingefriedet sein, dass niemand Unbefugtes von draußen Zugang zum Teich hat.

Teichtechnik

Ein gut und schön gebauter Teich hat keine technischen Geräte nötig. Wasserspiele und Beleuchtungen sind eher störend als nützlich, insbesondere für Pflanzen und Tiere. Ein funktionierender Teich braucht auch keine Filter zur Klärung. Trübe Teiche werden besser neu gestaltet als mit großem technischem Aufwand gereinigt. Allerdings können ein Sprudelstein, ein Bach oder eine Kaskade durchaus belebend wirken. Sie stören nicht, wenn vermieden wird, dass das Wasser direkt auf die Pflanzen plätschert, es sollte abseits davon oder durch ein Nebenbecken in den Teich münden. Pumpe und Lei-

6.16:
Ein Wassergarten soll angelegt werden. Der kleine, gemietete Bagger erleichtert die Erdarbeiten wesentlich.

6.17:
Auch beim Ausbau des Wassergartens sind die flachen Böschungen günstig: Der Rollkies bleibt liegen, das erleichtert das Auskleiden der Folie.

6.18:
Die Folie verschwindet völlig unter der Kieskaschierung; der fertige Teich wird mit Pflanzen eingefasst.

6.19:
Hier ist nach dem Einwachsen ein richtiger Wassergarten entstanden. In der kleinen Oase tummeln sich unzählige Tiere. Frösche kommen oft von selbst. Ihr Quaken stört, wen(n) es stört, nur kurze Zeit im Jahr.

6.20:
„Lehrreich“ – eine Wasserstelle ist ein unwiderstehliches Lehrmittel. Im Nass rührt sich was. Allerdings wirkt es auch auf Kleinkinder wie ein Magnet!

6.21:
Posthornschnecken (*Planobarius corneus*) tauchen normalerweise nicht gerne auf. Zum Fototermin mussten sie aber an die Oberfläche.

tungen müssen dann natürlich richtig installiert sein. Das gilt auch dann, wenn auf Licht- und Wasserspiele nicht verzichtet werden soll. Auf jeden Fall ist beim Kauf eine gute Beratung nötig, damit die Teile gut zusammenpassen und die Anlage sicher und ohne Störung funktioniert.

6.22:
Die kleine Süßwasserturmschnecke (*Potamopyrgus*) stammt ursprünglich angeblich aus Neuseeland. Auch sie grast Algenrasen ab.

Teichtiere

Ein Teich im Garten hat auf alle Lebewesen eine anziehende Wirkung und so werden sich bald allerlei tierische Gäste einfinden. Er sollte einen flachen Randbereich haben, damit keine Tiere im Teich ertrinken können. Schon während des Teichbaus fliegen manchmal die ersten Libellen über das trockene Bett, so, als ob sie wüssten, dass ein neues Gewässer entsteht. Oftmals bleiben sie und vermehren sich. Natürlich ist der Teich auch den Vögeln sehr willkommen, erspart er ihnen doch weite Wege zu einem Fluss oder See. Vögel nehmen jeden kleinen Tümpel als Tränke oder zum Baden gerne an. Eine übersichtliche Lage ist güns-

6.23:
Ein Wasserfrosch *(Rana esculenta)* in seinem Element.

6.24:
Auch Erdkröten (*Bufo bufo*) bevorzugen Wasser bei der Paarung

6.25:
Vierfleck-Libelle (*Libellula quadrimaculata*) zwischen Teichpflanzen.

6.26:
Unzählige Kaulquappen – der Teich lebt!

6.27:
Vögel nehmen mit jedem Gewässer vorlieb. Ihnen erspart eine Wasserstelle im Garten weite Flüge zum „Auftanken".

6.28:
Damit der Goldfisch im Teich den Winter überleben kann, braucht er eine frostfreie Zone.

6.29:
Auch wasserliebende Hunde, wie dieser Golden Retriever, freuen sich am erfrischenden Nass.

6.30:
Für Katzen ist ein Teich spannendes Jagdrevier.

tig, sonst schleichen sich Katzen an, die sich auch bald am Wasser einfinden, nicht nur wegen der Vögel, sondern auch zum Fischefangen. Sogar die Fische kommen manchmal von selbst und zwar aus der Luft, als Laich im Gefieder der Vögel!

Ein kleiner Fischbesatz ist akzeptabel. Wer nicht darauf warten will, setzt welche ein, vorzugsweise Goldfische, die sich in jedem Wasserbecken wohl fühlen, wie ihre rasche Vermehrung zeigt. Fische verhindern allerdings die Entwicklung von Insekten. Das kann gut sein, weil keine Stechmücken aufkommen oder schlecht, weil sie gleichermaßen nützliche Insekten fressen. Die Fische kommen im Übrigen völlig ohne Fütterung aus! Der Teich muss jedoch frostsicher sein oder eine frostfreie Tiefstelle haben, damit sie im Winter abtauchen und dort ruhen können. Fische und Frösche, die oft zuwandern, stören sich gegenseitig nicht. Günstig ist ein verwachsener, unzugänglicher Uferstreifen, an dem die Frösche gerne ungestört sonnenbaden und zum Überwintern lockere Erde finden. Eine gut zugängliche Uferstelle ist auch für Igel und andere Gartengäste wichtig, damit sie das Wasser zum Trinken gefahrlos erreichen. Zu den kleinen Teichtieren gehören neben Fischen, Lurchen und zahlreichen Insekten auch Wasserschnecken. Sie sind willkommene Algenvertilger. Große Tiere wie etwa Enten oder Gänse verträgt nur ein großer Teich, denn sie fressen Pflanzen und verschmutzen das Wasser.

Einige hilfreiche Adressen

NABU – Naturschutzbund Deutschland e.V.
Charitéstraße 3
10117 Berlin
Tel. 030-284 984-0
Fax 030-284 984-20 00
NABU@NABU.de; www.nabu.de

Bund für Umwelt und Naturschutz Deutschland e.V. (BUND) – Friends of the Earth Germany
Am Köllnischen Park 1
D -10179 Berlin
Tel. 0 30 / 2 75 86 40
Fax 0 30 / 27 58 6- 440
bund@bund.net; www.bund.net

Bund Naturschutz in Bayern
Dr.-Johann-Maier-Straße 4
93049 Regensburg
Tel. 09 41 / 2 97 20 0
Fax 09 41 / 2 97 20 30
info@bund-naturschutz.de
www.bund-naturschutz.de

Landesbund für Vogelschutz in Bayern (LBV) e. V.
Landesgeschäftsstelle Eisvogelweg 1
91161 Hilpoltstein
Telefon: +49 (9174) 4775-0
Telefax: +49 (9174) 4775-75
E-Mail: info@lbv.de
Internet: www.lbv.de

Nisthilfen zum Selberbauen

www.umweltwerkstatt-wetterau.de

https://nabu-schorndorf.jimdofree.com

Weiterführende Literatur (Auswahl)

Bruns, Susanne:
Das Biogarten-Praxisbuch – Anleitung zum naturgemäßen Gärtnern in Bildern.
2022, Rastede, ökobuch Verlag

David, Werner:
Lebensraum Totholz: Gestaltung und Naturschutz im Garten.
2012, Darmstadt, pala Verlag

Günzel, Wolf Richard:
Lebensräume schaffen: Wildtiere in Haus und Garten.
2006, Darmstadt, pala Verlag

Günzel, Wolf Richard:
Der igelfreundliche Garten – So machen Sie Ihren Garten zum Paradies (nicht nur) für Igel.
2012, Darmstadt, pala Verlag

Hintermeier, H. und M.:
Bienen, Hummeln, Wespen im Garten und in der Landschaft.
2017, München, Obst- und Gartenbauverlag

Hintermeier, H. und M.:
Schmetterlinge im Garten und in der Landschaft.
2005, München, Obst- und Gartenbauverlag

Hintermeier, H. und M.:
Blütenpflanzen und ihre Gäste.
2009, München, Obst- und Gartenbauverlag

Rusch, Margit:
Anders gärtnern – Permakultur-Elemente im Hausgarten.
2022, Rastede, ökobuch Verlag

Spitzer, Jana; Dittrich, Reiner:
Trockenmauern für den Garten – Bauanleitungen und Gestaltungsideen.
2019, Rastede, ökobuch Verlag

Votteler, Willi:
Gartennützlinge – Gartenschädlinge.
2015, München, Obst- und Gartenbauverlag

Weitere Bücher im ökobuch Verlag

Anders gärtnern

Permakultur-Elemente im Hausgarten. Ob Kräuterspirale, Krater- bzw. Hochbeet, Kartoffelturm, Wurmfarm oder Erdgewächshaus mit Hühnerstall, bei allem dient die Natur als Vorbild. Mit vielen Anleitungen für einen Hausgarten, in dem die Bereiche harmonisch zusammenwirken und sich gegenseitig fördern. Von Margit Rusch. 96 Seiten, mit vielen farbigen Abbildungen, 15,95 €

Mein kleiner Permakultur-Garten

300 kg Ernte auf 150 m^2 Fläche mitten in der Stadt. Der Autor Josef Chauffrey beschreibt die Kultivierung eines Reihenhausgartens nach Permakultur-Prinzipien und zeigt, wie sich beachtliche Ernteerfolge an Obst u. Gemüse erzielen lassen. 110 Seiten, mit vielen farbigen Abbildungen, 14,95 €

Das Biogarten-Praxisbuch

Anleitung zum naturgemäßen Gärtnern in Bildern. Hier wird das notwendige Wissen vermittelt, um erfolgreich den Boden zu bestellen und reichhaltig gesundes Obst und Gemüse zu ernten. Susanne Bruns. 224 Seiten, viele Abbildungen, 18,95 €

Permakultur im Hausgarten

Mit diesem Buch gibt der Autor einen Leitfaden an die Hand, wie ein Hausgarten Stück für Stück zum persönlichen und vielseitigen Permakultur-Garten gestaltet oder umgestaltet werden kann. Jonas Gampe. 144 Seiten, mit vielen Abbildungen, 16,95 €

Auf 300 qm Gemüseland

… den Bedarf eines Haushalts ziehen. Wie man auf kleinstem Raum einen Nutzgarten anlegt und erfolgreich bewirtschaftet, können wir von unseren Vorfahren lernen. Mit schnellen, praktischen, alphabetisch geordneten Infos über die wesentlichen Pflanzen, über Anbau- und Arbeitsmethoden. Von Arthur Janson. Neugestalteter Nachdruck der Erstausgabe von 1926. 170 Seiten, 13,95 €

Saatgut aus dem Hausgarten

Nach einer Einführung in die Saatgutgewinnung und in die Praxis der Vermehrung werden die nötigen Hilfsmittel, Ernte, Reinigung und Lagerung der Samen sowie Aussaat und Aufzucht beschrieben. Mit kurzen Pflanzenporträts aller im Hausgarten üblichen Kräuter, Gemüse und Blumen. Von Marlies Ortner. 138 Seiten, mit vielen farbigen Abbildungen, 19,90 €

Trocknen und Dörren mit der Sonne

Bau & Betrieb von Solartrocknern. Ein Buch für alle, die einen funktionstüchtigen Solartrockner kostengünstig selbst bauen möchten, um Obst, Gemüse und Kräuter natürlich und hochwertig haltbar zu machen. Außerdem: Praxis des Trocknens mit vielen Tipps aus langjähriger Erfahrung. Herausgegeben von Claudia Lorenz-Ladener. 96 Seiten, mit vielen farbigen Abbildungen, 13,95 €

Terrassen und Decks aus Holz selbst gebaut

Planungsüberlegungen, sinnvolle Konstruktionen, Materialempfehlungen. Viele Beispiele und Schritt-für-Schritt-Bilder vermitteln das Wissen zum Bau schöner Holzdecks. Von Peter Himmelhuber. 102 Seiten, mit vielen farbigen Abbildungen, 14,95 €

Mein Garten lebt

Vögel, Schmetterlinge, Igel, Wildbienen und andere nützliche Tiere ansiedeln. Mit Bauanleitungen und Gestaltungsideen, um durch Nisthilfen, Schlafquartiere u.ä, Gärten tierfreundlich zu gestalten. Von Peter Himmelhuber. 96 Seiten, mit vielen farbigen Abbildungen, 13,95 €

Natürlich konservieren

Die 250 besten Rezepte, um Gemüse und Obst möglichst naturbelassen haltbar zu machen und ein maximum an Vitaminen, Nährstoffen und Geschmack zu erhalten. Herausgegeben von Terre Vivante. 160 Seiten, mit vielen Abbildungen, 13,90 €

Trockenmauern für den Garten

Bauanleitung & Gestaltungsideen. Ob Sitzplätze oder Hochbeete einzufassen, eine Hangfläche zu terrassieren oder das Grundstück einzugrenzen: Mit einfachen Werkzeugen kann jeder kostengünstig eine schöne und dauerhafte Trockenmauer selbst bauen. Von Jana Spitzer und Reiner Dittrich. 96 Seiten, mit vielen farbigen Abbildungen, 13,95 €

Hütten von Kindern selbst gebaut

Das Buch zeigt schön illustriert, wie Kinder ohne großen Aufwand ihr eigenes kleines Reich erschaffen können, mit Baumaterialien, die fast alle draußen zu finden sind: Spielhäuschen, Kuppelbau, Schlupfwinkel, Beobachtungsversteck. Ab 8 Jahre. Von Louis Espinassous. 58 Seiten, mit vielen Abbildungen, 13,95 €

Kleine Baumhäuser und Hütten

… kinderleicht gebaut. Hier wird gezeigt, wie Baum- und Stelzenhäuser gebaut werden können. Mit Anleitungen für verschiedene Konstruktionen und Bildern von realisierten Beispielen. Von David Stiles. 96 Seiten, mit vielen farbigen Abbildungen, 14,95 €

Holzbacköfen im Garten

Detaillierte Bauanleitungen vom einfachen Lehmofen bis zum gemauerten Brotbackhäuschen. Mit vielen Erfahrungen und Ratschlägen sowie pfiffigen Tipps und Rezepten. Herausgegeben von Claudia Lorenz-Ladener. 138 Seiten, mit vielen Abbildungen, 15,95 €

Gestalten mit Stein im Garten

Pflastern von Wegen, Terrassen und Zufahrten, Anlegen von Treppen und das Errichten von Mauern und Hangbefestigungen, mit Hinweisen zur Materialwahl, zu Aufwand und Kosten, und mit Anregungen für eigenes Schaffen. Von Peter Himmelhuber. 126 Seiten, mit vielen farbigen Abbildungen, 15,95 €

Naturkeller

Grundlagen der Kühllagerung und Anleitungen für Planung und Bau naturgekühlter Lagerräume im Haus und Freiland. Von Claudia Lorenz-Ladener. 140 Seiten, mit vielen Abbildungen, 19,90 €

Gestalten mit Holz im Garten

Bodenbeläge, Holzdecks, Zäune, Rankgerüste, Lauben. Bauanleitungen und Gestaltungsideen für Nützliches und Dekoratives aus Schnittholz und aus grünem Holz. Von Heidi Howcroft. 136 Seiten, mit vielen Abbildungen, 18,95 €

Einfache Lauben und Hütten selbst gebaut

Einfache Paradiese zum Selbstbauen. Bauanleitungen für schnell zu errichtende Behausungen (Tipi, Baumhaus, Kuppelbau, Hogan etc.), sowie für schöne Lauben für den Garten oder die freie Natur. Von Claudia Lorenz-Ladener. 160 Seiten, mit vielen farbigen Abbildungen, 16,95 €

Kleine grüne Archen

Passivsolare Gewächshäuser als Alternative zum transparenten Standard-Gewächshaus. Das Buch zeigt, wie Solargewächshäuser freistehend, angelehnt oder teilweise in der Erde versenkt auch selbst gebaut werden können. Von Claudia Lorenz-Ladener. 128 Seiten, mit vielen farbigen Abbildungen, 22,90 €

Mit Weiden bauen

Anleitungen für Zäune, Laubengänge, Wigwams, Sitzplätze und grüne Kuppeln. Arbeiten mit lebendem Material, aus dem sich viele schöne, nützliche Dinge herstellen lassen.
Von Jon Warnes. 60 Seiten, mit vielen farbigen Abbildungen, 12,95 €

Färben mit Pflanzen

Färbepflanzen - Rezepte - Anwendung. Aufbereitung und Anwendung heimischer Färbepflanzen zum Färben von Wolle und Stoffen werden in zahlreichen Rezepten detailliert beschrieben.
Von Dorit Berger. 96 Seiten, mit vielen farbigen Abbildungen, 14,95 €

Bauen mit Frischholz

Vom Spalier bis zur Laube – frisches grünes Holz ist ein ausgezeichnetes Material, um daraus nützliche Gartenobjekte herzustellen. Mit Schritt-für-Schritt-Anleitungen für Pflanzbehälter, Spaliere, Bänke, Lauben usw. Von Alan und Gill Bridgewater. 80 Seiten, mit vielen Abbildungen, 12,95 €

Essbare Wildpflanzen aus dem Hausgarten

150 Arten: Obst, Kräuter, Gemüse. Wie eine dauerhafte Pflanzenlandschaft aus fruchttragenden Bäumen und Sträuchern, wilden Stauden sowie Kräutern und essbaren Bodendeckern geschaffen werden kann. Mit mehr als 70 Pflanzenporträts essbarer Wildfrüchte, Wildkräuter und Wildgemüse und Tipps zu deren Verwertung. Von Marlies Ortner. 126 Seiten, mit vielen Abbildungen, 15,95 €

Bunte Körbe aus Gräsern und Kräutern

Die Technik des Korbwickelns neu entdeckt. Anleitungen zur Herstellung von bunten Körben durch Wickeln und Vernähen von Strängen aus heimischen Faserpflanzen. Mit vielen Schritt-für-Schritt-Anleitungen. Von Walter Friedl. 96 Seiten, mit vielen farbigen Abbildungen, 17,95 €

Hauserneuerung

Instandsetzen - Modernisieren - Energiesparen - Umbauen: mit Anleitung zur Selbsthilfe. Das Buch beschreibt ausführlich den behutsamen, handwerklich sachgerechten und umweltverträglichen Umgang mit alter Bausubstanz. Von G. Haefele, W. Oed und L. Sabel. 256 Seiten, mit vielen Abbildungen, 28,90 €

Vom Altbau zum Effizienzhaus

Energietechnische Gebäudesanierung in der Praxis: Nachträgliche Wärmedämmung der Gebäudehülle, Fenstererneuerung, sowie Sanierung der Haustechnik einschließlich Lüftung, Heizung, Sanitär und Elektro. Hrsg. von Ingo Gabriel und Heinz Ladener. 200 Seiten, mit vielen farbigen Abbildungen, 36,- €

Praxis: Holzfassaden

Material, Planung, Ausführung. Das Buch zeigt nicht nur die gestalterischen Möglichkeiten moderner Holzfassaden, sondern stellt zahlreiche vorbildliche Beispiele und Detaillösungen mit Ecken, Sockel, Dach- und Fensteranschlüssen vor. Von Ingo Gabriel. 112 Seiten, mit vielen farbigen Abbildungen, 28,- €

Handbuch Lehmbau

Umfassendes Lehrbuch und Nachschlagewerk: Es zeigt Einsatzmöglichkeiten, Eigenschaften und Verarbeitungstechniken des Baustoffes Lehm. Mit Forschungsergebnissen und Beschreibungen ausgeführter Lehmhäuser. Von Gernot Minke. 222 Seiten, mit vielen Abbildungen, 38,- €

Neues Bauen mit Stroh in Europa

Bauen mit großformatigen Quadern aus gepresstem Stroh: gebaute Beispiele, erprobte Bauformen und Konstruktionen, Besonderheiten, neue Projekte und Forschungen. Von H. u. A. Gruber u. H. Santler. 112 Seiten, mit vielen Abbildungen, 14,95 €

Handbuch Strohballenbau

Ein Konstruktions-Handbuch, das Konzeption, Bautechnik und alle Details beschreibt, um aus Strohballen gut gedämmte, dauerhafte Häuser zu bauen. Mit vielen Konstruktionsdetails und Beispielen. Von Gernot Minke und Benjamin Krick. 152 Seiten, mit vielen farbigen Abbildungen, 29,90 €

Das neue Heizen

Umweltfreundlich und wirtschaftlich heizen mit Gas, Holz, Strom und Sonnenenergie. Eine vergleichende Übersicht über moderne Heizungstechniken und deren Einsatz in gut gedämmten Gebäuden. Von M. Schulz u. H. Westkämper. 230 Seiten, mit vielen farbigen Abbildungen, 29,90 €

Regenwasser für Garten und Haus

Ein kompetenter Ratgeber für Planung und Bau von Regenwassersammelanlagen nach dem Stand der Technik: Bemessung, Genehmigung, Speichertanks, Pumpen, Rohrleitungen, Zubehör. Von Karlheinz Böse. 96 Seiten, mit vielen Abbildungen, 16,95 €

Autonome Stromversorgung

Auslegung, Aufbau und Praxis autonomer Stromversorgungsanlagen mit Batteriespeicher für Beleuchtung und für netzferne Handwerks- u. Landwirtschaftsbetriebe. Von Philipp Brückmann und Georg Bopp. 126 Seiten, mit vielen Abbildungen, 18,95 €

Unsere Bücher erhalten Sie in allen Buchhandlungen.
www.oekobuch.de · E-Mail: verlag@oekobuch.de

ökobuch
Zukunft leben